LES

ARMÉES FÉODALES

PARIS. — IMPRIMERIE J. DUMAINE, RUE CHRISTINE, 2.

LES
ARMÉES FÉODALES

PAR

E. HARDY

CAPITAINE-ADJUDANT-MAJOR AU 130ᵉ RÉGIMENT D'INFANTERIE

Fay ce que doiz et aveingne que peut !

PARIS
LIBRAIRIE MILITAIRE DE J. DUMAINE
LIBRAIRE-ÉDITEUR
30, Rue et Passage Dauphine, 30

—

1879

AVERTISSEMENT DE L'ÉDITEUR

Nous avons extrait des *Origines de la Tactique française* cette courte étude sur les armées féodales, pour vulgariser, autant que nous le pouvons, les précieuses notions que le capitaine Hardy a puisées aux sources mêmes de notre histoire nationale.

L'auteur a réuni dans ces 100 pages, 36 figures, empruntées presque toutes au *Dictionnaire raisonné de l'architecture française du XIe au XVIe siècle*, au *Dictionnaire raisonné du mobilier français de l'époque carlovingienne à la Renaissance* et à l'*Histoire d'une forteresse* de M. Viollet-le-Duc.

L'éminent architecte, après avoir merveilleusement restauré les plus beaux monuments de la France féodale, a fait revivre le moyen âge par la plume et par le burin. Ses belles vignettes sont autant de documents indiscutables du costume et de l'armement de nos aïeux. En nous permettant si généreusement d'en disposer, M. Viollet-le-Duc a voulu, dans son patriotisme, que la jeunesse française prît plaisir aux études militaires.

Paris, 15 mai 1879.

LES ARMÉES FÉODALES

CHAPITRE PREMIER

LES CARLOVINGIENS

La cavalerie franke. — Charlemagne. — Centralisation militaire. — L'armement au X⁰ siècle.

LE CAVALIER FRANK.

A mesure qu'ils avaient étendu leur empire, les rois franks, obligés de guerroyer au loin, avaient augmenté leur cavalerie.

D'après Violet-le-Duc.

Fig. 74.

C'était facile d'ailleurs. Ils disposaient des beaux

chevaux gaulois, et les invasions des peuples cavaliers, comme les Huns, les Sarrazins, les Goths et les Vandales, avaient laissé sur le sol conquis un grand nombre de cavaliers aguerris et entreprenants.

Leurs fils s'étaient enrôlés sous la bannière des leudes, et lorsque Pépin le Bref voulut s'emparer de l'Aquitaine, en 768, il put réunir, si l'on en croit les chroniqueurs, une armée de 100.000 fantassins et de 50.000 cavaliers.

CHARLEMAGNE.

Le noble frank était devenu, sous Charlemagne, un cavalier passionné.

C'est grâce à sa cavalerie d'élite que le nouvel empereur d'Occident put se porter rapidement de l'Èbre au Rhin, au Weser, ou aux Alpes, et faire face à la fois aux Saxons, aux Maures d'Espagne et aux Lombards d'Italie.

D'ailleurs, il avait, aux *marches frontières*, des troupes organisées et toujours prêtes à combattre, soit qu'il vînt se mettre lui-même à leur tête, soit qu'il envoyât un de ses *paladins* les commander.

Avec cette intelligence de la guerre qui fait les conquérants, « Charlemagne dirigeait ses masses sur le centre des ennemis, si ceux-ci avait commis la faute de se morceler, ou sur leurs deux ailes, s'ils étaient formés en ligne continue. Dans ce dernier cas, il cherchait à acculer une des ailes à un obstacle insurmontable, ou bien, il se jetait sur les communications de l'adversaire, après avoir bien assuré celles de son armée.

« Cette manœuvre, que Charlemagne employa successivement en Saxe, en Italie et en Espagne, fut re-
nouvelée par Napoléon à Marengo, à Ulm et à Iéna[1]. »

CENTRALISATION MILITAIRE.

Les Capitulaires avaient établi dans l'armée franke
une sévère discipline, et ils avaient rendu la mobilisa-
tion très-rapide, en édictant des peines graves contre
le moindre retard à répondre à l'appel de l'empereur

Th. Bénazet.

Fig. 75.

ou de ses représentants, les *ducs*, gouverneurs des pro-
vinces et généraux des troupes qu'elles fournissaient.

[1] Jomini. *Traité de la grande tactique.*

Sous la direction des ducs, les *comtes* administraient
et commandaient une partie de territoire; les simples
bénéficiers, et les hommes libres, investis d'emplois,
transmettaient les ordres des comtes.

C'était la *centralisation militaire* [1] assurée par une hiérarchie empruntée à la fois à l'administration romaine
et aux vieilles coutumes germaines.

L'ARMEMENT AU Xe SIÈCLE.

La remarquable collection de costumes historiques,
qui a été réunie au Musée d'artillerie, nous donne,
d'après des documents certains, l'armement successif
des soldats de la France.

A l'époque carlovingienne, le costume est une copie
dégénérée de celui des Romains. Il se compose d'une
cotte d'armes à plaques de fer, rivées sur un corselet
de cuir; d'une jupe de cuir plissée comme le kilt écos-
sais; d'un casque formé de quatre plaques de fer et
posé sur un capuchon de cuir, où sont cousues des
mentonnières en fer; de chausses de cuir, maintenues
par des bandes entrelacées autour des jambes [2].

---

[1] « Alors se manifeste la première tentative d'organisation sous la
main puissante de Charlemagne.

« Germain de race et de mœurs, chrétien par la foi et Romain par
la science, ce grand homme représente en lui-même la fusion qu'il
aspire à réaliser dans l'occident. » (Demogeot, *idem*, p. 38.)

[2] Musée d'artillerie. — *Notice sur les costumes de guerre, de Charlemagne à Louis XIII.*

L'épée, de 0ᵐ,90 de longueur, se porte à la ceinture;
la lame, à deux tranchants, est cannelée dans toute sa
longueur, la pointe est arrondie. C'est une épée de
taille si bien trempée que, d'après la légende, Roland,
avant de mourir, ne peut briser Durandal sur les
rochers de Roncevaux.

Le bouclier rond, de 0ᵐ,50 de diamètre, est fait de
bois léger, recouvert de parchemin et de lames de
métal; il porte un *umbo* de fer, très-saillant, parfois
muni d'une pointe.

Les *chansons de geste* nous donnent sur l'armement
carlovingien des détails précieux.

Sous Louis le Débonnaire, un chevalier, après main-
tes prouesses, rend à son vieux père le cheval et les
armes qu'il a reçus de lui :

> « Il lui amène Marchegay par la rêne dorée,
> Le haubert, le blanc haume, la tranchante épée,
> La targe que l'on voit moult bien enluminée,
> Et la lance fourbie et moult bien façonnée. »

Dans le roman des Loherains :

> « Begues s'apprête, à la hâte il le fit,
> Lace une chausse, nul plus belle ne vit;
> Sur le talon lui ont éperons mis ;
> Vêt un haubert, lace un heaume bruni,
> Et Béatrix lui ceint le brand (l'*épée*) fourbi :
> Ce fut *Floberge* la belle au pont (*garde*) d'or fin....
> On lui amène un destrier arabi (*ardent*) ;
> De pleine terre est aux arçons sailli :
> L'écu au col, il a un épieu pris,
> Dont le fer fut d'un vert acier bruni [1]. »

---

[1] Demogeot, *idem*, pages 68 et 88.

Sous les premiers Capétiens, apparaissent la cotte de mailles (*broigne* ou *haubert*) et le camail, sur lequel on met le casque conique (*heaume*) à nasal fixe.

D'après Viollet-le-Duc.

Fig. 76.

Le bouclier devient l'écu, allongé en forme d'amande; on le suspend au cou à l'aide d'une lanière (*guige*).

Les jambes sont couvertes de mailles.

En se bardant de fer, le cavalier ne peut plus sauter en selle et il adopte l'*étrier*. De même, les arçons sont imposés par l'augmentation toujours croissante du chargement du cheval.

Nous voilà revenus, pour cinq siècles au moins, à *l'armure de fer* des cataphractes grecs et asiatiques.

Déjà la colonne Trajane nous a montré des chevaux et des cavaliers, couverts d'écailles de métal, comme les monstres de la fable, et nous savons, par les historiens, que ces cataphractes ne pouvaient plus se mouvoir aussitôt qu'ils étaient démontés.

« Lucullus s'étant aperçu, raconte Plutarque, que la cavalerie couverte de fer faisait la plus grande force de Tigrane, roi d'Arménie, fit attaquer cette cavalerie en flanc par ses cavaliers thraces et galates, en leur recommandant d'écarter, avec leurs épées, la lance des Arméniens.

« *Dès que ceux-ci n'agissaient plus par le choc, ils ne pouvaient plus nuire, car ils restaient murés dans leurs armures.* »

Nous lisons encore dans Tacite :

« Toute la valeur des cavaliers sarmates était dans leur armement. Si leurs chevaux glissaient ou tombaient, les piques et les longues épées ne servaient plus à rien.

« Le poids des armures de lames de fer ou d'un cuir très-dur, qui rendaient les chefs impénétrables aux coups, les empêchait en revanche de se relever quand ils tombaient; alors ils étaient étouffés dans la neige qui couvrait le sol.

« Les Romains, couverts d'une cuirasse légère, les renversaient, les fantassins avec le pilum, les cavaliers avec la lance, et tous les perçaient d'autant plus facilement avec leurs épées que ces Sarmates n'avaient pas de boucliers. »

Rien ne convenait moins au caractère et aux allures

de la race française qu'un armement défensif, gênant
et lourd. C'était enlever au cavalier sa souplesse, sa
mobilité, son élan.

Jusqu'à la fin du XIIIe siècle le vêtement de mailles,
souple et relativement léger, laissa à nos chevaliers la
liberté de leurs mouvements, et ils purent, pendant
les croisades, rivaliser de vitesse et de *furia* avec les
cavaliers maures ou avec les Mameluks.

L'âge de la maille fut marqué par d'éclatants succès.

Mais, lorsque la pesante *armure allemande en plates
de fer* s'imposa à la noblesse française, quand il fallut,
pour porter l'homme d'armes, ainsi bardé, de lourds
chevaux, succombant eux-mêmes sous le poids de leur
harnais, quand le chevalier ne fut plus qu'une machine
de guerre sans initiative, réduite à l'immobilité et à
l'impuissance par le moindre obstacle ou par un faux
pas, la France put être impunément envahie, con-
quise, presque détruite par les archers anglais, et, depuis Crécy jusqu'à Azincourt, ses armées ne comptèrent
plus leurs défaites.

CHAPITRE II

ORGANISATION MILITAIRE DE LA FÉODALITÉ

SOMMAIRE.

Hiérarchie féodale. — L'homme d'armes et le piéton. — Éducation
du chevalier. — Joutes et tournois.

HIÉRARCHIE FÉODALE.

Sous Charles le Chauve, les possesseurs des *fiefs
temporaires* sont arrivés, d'empiétements en empiétements, à l'hérédité de leurs terres ou de leurs digni-
tés (877).

Les milices, qui avaient fondé l'empire de Charlemagne, ont disparu. Devant le pouvoir royal désarmé,
se dresse la féodalité toute-puissante, avec son organisation militaire, copiée sur l'organisation romaine.

Les petits propriétaires, les hommes libres sans
terres, se réunissent, au moment du danger, autour
d'un plus riche et d'un plus fort, qui les protége contre
les incursions des voisins. Lui-même demande assistance à plus puissant que lui. Ce puissant, à son
tour, a un protecteur, et, *de l'homme libre, la hiérarchie
militaire remonte jusqu'au Roi.*

En ces temps de force brutale, les guerres sont fréquentes ; la paix n'est qu'une trêve. Aussi l'association, créée par le danger, devient-elle une loi sociale.

Des droits et des devoirs réciproques relient entre eux tous les propriétaires du sol, et le service militaire, pendant 40 jours, reste la base du système féodal.

Ce système porte en lui de grandes imperfections. Les terres changent souvent de maître et les vassaux de suzerain ; si bien qu'un grand feudataire, possesseur de plusieurs fiefs, peut devoir son épée à trois suzerains à la fois.

Quand ces suzerains sont en guerre, leur commun vassal est bien obligé de devenir traître et félon envers l'un d'eux.

Dans ces conditions, les grandes armées ne se rassemblent qu'à l'appel d'un prince puissant.

Cependant, il suffira quelquefois, pour grouper les bannières de tant de suzerains, d'un grand élan religieux comme les croisades, ou d'un entraînement patriotique, provoqué par l'invasion.

L'HOMME D'ARMES ET LE PIÉTON [1].

La célèbre tapisserie de Bayeux nous montre les cavaliers normands de 1066 lançant un javelot, terminé par un fer barbelé, ou bien chargeant avec une lance

---

[1] D'après Viollet-le-Duc, *Dictionnaire du mobilier*. Volumes V et VI.

de trois mètres de longueur, terminée par un fer en losange et portant une flamme.

Viollet-le-Duc.

Fig. 77.

Cette lance, semblable à la lance moderne, se manœuvrait de la même façon.

Au temps de saint Louis, le chevalier est couvert de mailles, de la tête aux pieds. Un bourrelet rembourré (*cervelière*), placé sur le capuchon, sert d'assiette au heaume cylindrique, lacé en arrière par une courroie, et souvent surmonté d'un cimier. Sur le haubert, une

2

cotte de soie épaisse, aux *armoiries* du chevalier, flotte par-dessus ses armes. Elle le protége contre le soleil et la pluie, en même temps que contre les traits d'arbalète.

La longue épée franque est conservée. Une croisière en travers de la garde en a fait un pieux symbole, consacré à la défense des Lieux saints.

Une *dague* est suspendue au baudrier, emblème noble, qui soutient l'épée et se porte sur les hanches.

D'après Viollet-le-Duc.

Fig. 78.

Vers 1250, l'homme d'armes adopte les *ailettes*[1], plaques de fer quadrangulaires, attachées sous les aisselles et qui, joignant le heaume, garantissent les épaules contre les coups de masse et de hache (Fig. 79).

Le surnom de Charles *Martel*, nous prouve que l'usage de la masse remonte aux origines franques; c'est pour s'en garantir que le heaume est adopté. Join-

---

[1] « Les ailettes sont les premières pièces d'armure de fer ou d'acier qui apparaissent sur la maille, indépendamment du heaume ; elles conduisent peu à peu l'homme d'armes à plaquer un grand nombre de pièces de fer détachées sur la cotte de mailles, jusqu'au moment où celle-ci disparait complétement pour faire place à l'armure de plates....

« Les ailettes sont peintes, comme les écus, aux armes du chevalier. A dater de 1325 elles sont remplacées par des rondelles de fer attachées aux épaules. » (Viollet-le-Duc, *Mobilier*. Volume v, page 15).

ville parle souvent de cette masse; et même il nous la
montre aux mains des Sarrasins.

D'après Viollet-le-Duc.
Fig. 79.

La masse est aussi une arme de piéton; c'est celle
des *sergents d'armes*, l'infanterie d'élite de Philippe-
Auguste.

Les manants, qui suivent à pied l'homme
d'armes, sont armés de *bâtons*, d'*arcs* ou
d'*arbalètes*.

On appela *bâton*, jusqu'au XVe siècle,
toute arme offensive autre que l'épée.
C'étaient la *lance*, la *masse plombée*, la *hache*
à fer carré ou à manche court, le *fauchart*,
sorte de faux, ou le *vouge*, lame droite
ou recourbée, avec ou sans crochet,
emmanché au bout d'une longue perche.

Fig. 80.

Les archers normands, à Hastings, ont un arc de 1ᵐ,50 de longueur ; à leur ceinture ou à leur cou est attachée la *trousse*. Ils sont vêtus à la légère, de braies et de justaucorps d'étoffe.

Leurs *sagettes*, lancées de bas en haut, décrivent une parabole et retombent de tout leur poids, pour atteindre l'ennemi aux épaules, au visage, au bras.

La main droite de l'archer est couverte d'un gant de cuir et son avant-bras gauche d'une plaque de fer courbée, destinée à préserver le poignet des atteintes de la corde.

Depuis Louis le Gros (1108), les *communes affranchies* fournirent au roi de France des bandes d'archers et de *bidaux*, armés de bâtons, ou des compagnies d'arbalétriers.

L'*arbalète* fut interdite aux armées chrétiennes, comme trop meurtrière, par le concile de Latran (1123); elle ne servit d'abord que contre les Infidèles ; elle se composait d'un arc d'acier flexible, fixé en son milieu sur un *arbrier*, de 0ᵐ,65 à 0ᵐ,95 de longueur, contenant une rainure dans laquelle on mettait le *carreau*. L'arbrier se terminait par une sorte de crosse, qu'on appuyait à l'épaule. La corde tendue était arrêtée par un crochet de fer à détente, qui permettait de faire partir le trait quand on avait visé.

Dès le XIIᵉ siècle, l'arbrier de l'arbalète était muni à son extrémité d'un étrier, pour passer le pied et faciliter le bandage de l'arc. L'arbalétrier logeait la corde

dans un crochet, suspendu par une forte courroie à sa
ceinture et, en redressant les reins, il amenait cette
corde dans l'encoche de la noix.

Fig. 81. [1]

[1] Nous devons des remerciements à M. Desfossés, gérant de l'impor-
tante maison Morel, qui, de concert avec M. Viollet-le-Duc, a bien voulu
faciliter notre tâche, en nous communiquant un grand nombre de clichés.

« Archers et arbalétriers portent un grand *pavois* en osier ou en bois léger, de forme ovale ou quadrangulaire et de 0ᵐ,40 à 0ᵐ,60 de largeur.

« Dans les siéges, les arbalétriers s'avancent à portée de trait, fixent leurs pavois devant eux et tirent aux créneaux ou aux meurtrières pour en éloigner les défenseurs. Si les couronnements des tours et courtines sont bien munis, les machines de jet commencent par écrêter les défenses, puis les arbalétriers et les archers, couvrant de leurs flèches ou de leurs carreaux ces couronnements à peu près détruits, empêchent les assiégés de réparer les brèches.

Viollet-le-Duc.

Fig. 82.

« Ces pavois servent encore à former la *tortue* quand on marche à l'assaut [1]. »

[1] Viollet-le-Duc, *Mobilier.* Volume VI, page 215.

ÉDUCATION DU CHEVALIER.

Au moyen âge, la bravoure, l'adresse, la force, l'habileté du cavalier, jouent le premier rôle. Au lieu de faire apprendre à son fils la tactique savante des pédagogues de la Grèce ou du Bas-Empire, le noble baron ne veut même pas qu'il sache lire.

De bonne heure, il le met à cheval, il lui apprend à rompre une lance, à manier légèrement un lourd destrier, bardé de fer. Pendant les longues veillées de l'hiver, le chapelain raconte les exploits des aïeux, pour faire entrer dans l'âme du page ou de l'écuyer les sentiments de foi, d'honneur, de vaillance, que doit avoir un chevalier.

« Fay ce que doiz et aveingne que peut! »

S'écrie le *parrain d'armes*, en donnant l'accolade à l'écuyer qui a gagné ses éperons et le nouveau chevalier prête, entre les mains de son parrain, le serment d'être toujours :

« Courtois sans villenie, débonnaire sans folie, piteux vers les souffreteux, large et appareillé de secourir les indigents, prêt et entabulé de détruire les voleurs et les meurtriers, de juger sans amour et sans haine. »

Il sait que :

« Chevalier ne doit, pour paour de mort, faire chose où l'on puisse honte cognoistre, et qu'il doit plus redouter honteuse vie que la mort. »

C'est le bon temps du courage personnel, de l'ardeur guerrière, de l'émulation généreuse, du mépris du danger.

C'est la grande époque chevaleresque; mais c'est aussi l'époque de l'affranchissement des communes et leurs milices combattent à côté des chevaliers.

Ces Gaulois aventureux, ces Kymris tenaces, ces Franks si fiers se sont peu à peu mélangés, en échangeant leurs qualités et leurs défauts [1]. Menacés par l'étranger, ils ont oublié les différences d'origine et, rangés sous l'oriflamme royale, symbole de la patrie, nobles et petites gens ont scellé, dans le sang versé en commun à Bouvines, *l'avénement de la nation française.*

JOUTES ET TOURNOIS.

Pour manier l'épée, la masse d'armes et la lourde lance qui, à la fin du XIVe siècle, avait jusqu'à 15 pieds (5 mètres) de longueur, pour dresser le cheval de guerre, pour habituer les chevaliers à se former en escadrons sous les bannières, à se déployer *en haie* pour charger, à recevoir le choc de l'adversaire en présentant l'écu au fer de la lance, enfin, pour le combat d'ensemble comme pour la lutte corps à corps, il fallait de fréquents exercices.

---

[1] « Du sein de la plus épouvantable confusion, où se choquent pêle-mêle les débris d'une civilisation détruite, les mœurs sauvages des hordes germaniques, les enseignements d'une religion nouvelle, nous voyons sortir un ordre inattendu, une organisation puissante et belle, la féodalité, couronnée de la chevalerie, son idéal. » (Demogeot, *Idem,* préface de 1851).

Ces exercices étaient le jeu, le passe-temps favori
de la noblesse française. C'était d'ailleurs une tradition germaine.

« Dans toutes les assemblées, dit Tacite, des
jeunes gens sautent nus au milieu des épées et des
framées menaçantes ; pour eux, c'est un jeu, dont
l'habitude a fait un art. »

Les leudes de Louis le Germanique et de Charles le
Chauve se livraient des combats simulés, pendant
lesquels les deux princes, survenant avec une troupe
d'élite, chargeaient les uns ou les autres, sans que
jamais le jeu tournât à la rixe [1].

Voilà bien l'origine du tournoi, simulacre du combat d'ensemble. Quant à la joute, c'est le combat sin-
gulier, le duel à la lance ou à l'épée (Fig. 83).

Dès le XIe siècle, des règles précises sont éta-
blies pour empêcher ce plaisir de devenir trop dangereux ; les bannières opposées luttent à armes courtoi-
ses, c'est-à-dire avec des lances dont le fer est émoussé,
des épées sans pointe ni tranchant et des masses de
bois.

Le prince *appelant* convoque ses chevaliers et ses
écuyers ; puis il envoie, par *son roi d'armes*, au seigneur qu'il a choisi pour *défendant*, une épée *rabattue*,
en signifiance du *tournoy et bahourt*, pour lequel il le
défie devant dames et damoiselles.

Huit *juges diseurs* sont choisis pour arbitres, mais les

1 Viollet-le-Duc, *Mobilier*. Volume iii (v[e] partie. Jeux. passe-temps).

dames au tournoi ont le droit de haute justice sur les
chevaliers accusés de félonie, de mésalliance et surtout
de médisance envers elles.

Fig. 83. ¹

¹ JOUTE. « *Comment les deux parties sont hors de leurs pavillons, appa-
reillées pour faire leur devoir à la voix du maréchal qui a jeté le gant.* »

D'après une miniature des « *Cérémonies et gages de batailles* ». Manuscrit du XVᵉ siècle de la Bibliothèque nationale.

Emprunt fait au bel ouvrage de M. Paul Lacroix (bibliophile Jacob),
Vie militaire et religieuse au moyen âge et à l'époque de la Renaissance.
Paris, Didot, 1876.

Un baron, désigné pour être leur *chevalier d'honneur*,
porte au bout de sa lance l'écharpe de la Reine du
Champ; il suffit que, sur un signe de cette Reine, il
touche un tournoyeur avec l'écharpe, pour qu'aussitôt
tous les autres aient le droit de fondre sur le ré-

D'après Viollet-le-Duc.

Fig. 84. [1]

prouvé. On le frappe jusqu'à ce que les vengeances
féminines aient trouvé satisfaction.

[1] Tout est à lire et à retenir dans le *Dictionnaire du mobilier* : la
société féodale, avec ses mœurs chevaleresques, y apparaît en pleine lumière, depuis l'époque carlovingienne jusqu'à la Renaissance. Le cha-
pitre « *Tournoi et joute* » (tome II, pages 333 à 407), est attrayant entre
tous; c'est une étude littéraire autant qu'archéologique, car personne
ne sait mieux que M. Viollet-le-Duc prêter à la science le charme du
roman.

Quelquefois on oblige la victime à descendre de cheval pour rester, à califourchon, sur la barrière pendant toute la durée du tournoi.

Après cette épreuve, le chevalier est réhabilité, et nul n'a plus le droit de lui reprocher le *meschief*, pour lequel il a été *recommandé*.

Le *champ clos* est un vaste rectangle, fermé par une double barrière, qui permet aux valets de se garer des coups et d'éloigner la foule de l'enceinte.

Deux cordes parallèles séparent la lice en deux parties ; chaque troupe opposée a son côté et son entrée particulière.

La veille du tournoi, les deux troupes de *tournoyeurs* viennent successivement *faire la montre* devant les tribunes. Les chevaliers, n'ayant pour arme qu'un bâton (Fig. 85), sont suivis de leurs porte-bannières, l'enseigne roulée. Seuls, les deux chefs ont leurs *pennons* au vent.

Tous jurent, en levant la main droite, par la foi et serment de leur corps et sur leur honneur, de ne pas frapper d'estoc ni plus bas que la ceinture, et de se conformer, en tous points, aux règles imposées par les juges.

Le lendemain, une demi-heure avant l'ouverture des lices, les dames se rendent aux tribunes avec le *chevalier d'honneur*, les juges et le roi d'armes ; puis, l'appelant et le défendant entrent dans la lice à la tête des tournoyeurs, chevauchant deux par deux et suivis de leurs porte-bannières. Chaque troupe se forme contre les cordes, sur une ou deux lignes, pendant que les écuyers à cheval et les valets à pied vont se ranger sur les côtés, derrière les porte-bannières.

Fig. 85.

Après le salut aux dames, les deux batailles reculent pour prendre champ. Les trompettes sonnent; le roi d'armes crie trois fois :

Coupez cordes! hurtez batailles, quand vous voudrez!.

Les cordes tombent et le tournoi commence.

Dès le premier choc, c'est une mêlée confuse ; les tournoyeurs s'animent, s'acharnent, quelquefois les armures sont faussées et le sang coule.

En 1240, dans un grand tournoi, près de Cologne, 60 chevaliers périrent suffoqués par la poussière ou écrasés par leurs chevaux.

Le rôle des écuyers est de donner à leurs maîtres des armes de rechange et, avec l'aide des valets, de les remettre à cheval quand ils sont désarçonnés.

Aussitôt que les juges font sonner la retraite, les écuyers, portant pennons ou bannières, sortent les premiers et les tournoyeurs doivent les suivre dans l'ordre où ils sont entrés.

Mais les *vaillants* consentent rarement à se séparer ainsi. Souvent, il faut que les chefs se jettent, la tête découverte et l'épée au poing, au milieu des combattants pour les *départir*.

Le soir, la plus noble dame remet au vainqueur un joyau pour prix du tournoi.

D'ordinaire, la fête commence par des *joutes*. Des barrières sont plantées au milieu du champ clos et deux chevaliers viennent rompre, jusqu'à trois lances, en l'honneur de la dame dont ils portent les couleurs. C'est dans une joute qu'Henri II fut mortellement atteint par Montgomery, son capitaine des gardes (1559).

Un autre exercice de la chevalerie est le *pas d'armes*. Une *bataille* défend un passage ou un pont contre une autre *bataille* qui veut le franchir. Quelquefois on dresse, au milieu de l'enceinte, une tour de charpente qu'il faut défendre ou attaquer : c'est le *béhourt*.

Pour amuser l'assistance, on fait courir la *quintaine*
aux pages et aux écuyers. Un mannequin, armé de

Fig. 86.

¹ Exercice de la quintaine, d'après une miniature des *Chroniques de
Charlemagne*, manuscrit du XVᵉ siècle (Bibliothèque de Bourgogne à
Bruxelles). Paul Lacroix, *idem*.

toutes pièces, est monté sur un pivot au milieu de
l'arène. Le jouteur, lancé au galop, essaye de le frapper en plein écu. S'il réussit, le mannequin tourne et
lui livre passage, sinon les pièces de l'armure se
disloquent et tombent sur la tête du maladroit, au
grand plaisir de la noble assemblée.

CHAPITRE III

LES ARMÉES FÉODALES

LES PREUX.

L'histoire militaire du moyen âge a été faite plusieurs fois.

De plus érudits ont raconté les faits d'armes des preux, et, pour avoir une idée précise de l'armement et de la tactique des armées françaises, depuis l'époque Carlovingienne jusqu'à la Renaissance, il suffit d'étudier les tomes V et VI du *Dictionnaire raisonné du mobilier français*, par M. Viollet-le-Duc.

C'est ce que nous avons fait nous-même.

En puisant aux sources indiquées par le savant architecte, nous avons choisi deux exemples des prouesses féodales : la bataille de Bouvines et la Septième croisade. L'une et l'autre mettent d'autant mieux en lumière la composition et la tactique des grandes armées féodales, qu'elles ont été racontées par des témoins oculaires : Bouvines, par Guillaume le Breton, chapelain de Philippe-Auguste ; l'expédition d'Égypte, par le sire de Joinville, compagnon de gloire et d'infortune de saint Louis.

CAMPAGNE DE 1214.

Jean sans Terre avait formé contre Philippe-Auguste, son suzerain, une vaste coalition, où étaient entrés l'empereur d'Allemagne, Othon IV de Brunswick, Ferrand comte de Flandre, Renaut de Boulogne, les ducs de Brabant, de Lorraine, de Limbourg et le comte de Hollande.

Les coalisés s'étaient, à l'avance, partagé le royaume qu'ils voulaient conquérir. Othon, à la tête de 100.000 hommes, marchait de Valenciennes vers Tournay, pendant que le roi d'Angleterre envahissait le Poitou[1].

Philippe-Auguste, après avoir convoqué ses vassaux, ses arrière-vassaux et la milice des communes, planta l'oriflamme de Saint-Denis[2] sous les murs de Tournay. 20.000 cavaliers et 39.000 piétons se groupèrent autour de l'oriflamme.

[1] Jean sans Terre venait de mettre le siége devant la forteresse de la Roche-aux-Moines, lorsqu'à l'approche de Louis VIII, fils de Philippe, il s'enfuit lâchement bien qu'il eût une armée supérieure en nombre.

[2] Dans l'inventaire du trésor de Saint-Denis, en 1534, l'oriflamme est mentionnée comme : « un étendard d'un cendal (*étoffe précieuse*) fort épais fendu par le milieu, en façon d'un gonfanon fort caduc, enveloppé autour d'un bâton couvert d'un cuivre doré et (muni) d'un fer longuet, aigu au bout. »

Othon leva son camp de Valenciennes et s'avança jusqu'à Mortagne, à six milles de Tournay. Les deux armées restèrent quelque temps à deux lieues l'une de l'autre, chacune hésitant à prendre l'offensive.

« Le roi proposa d'aller attaquer l'ennemi, mais les barons l'en déconseillèrent, parce que les avenues étaient étroites et difficiles jusqu'à eux.

« Il fut donc ordonné qu'on retournerait en arrière, le 27 août 1214, et qu'on entrerait, par une autre plus pleine voie, en la contrée de Hainaut.

« Mais autrement advint qu'on ne s'était proposé, car Othon se mut, en cette même matinée, du châtel de Mortagne et chevaucha, tant comme il put, après le roi, *en batailles ordonnées* [1]. »

C'est-à-dire en trois colonnes :

Celle de gauche, conduite par le comte Ferrand, se composait de la noblesse flamande et hollandaise ;

Celle du centre, sous le commandement direct de l'empereur, comprenait 800 hommes d'armes du Brunswick, l'infanterie allemande et un corps de réserve de 16.000 Saxons ;

Celle de droite, sous Renaut de Boulogne l'âme de la coalition, « homme aussi subtil de parole que vaillant de la main, » était formée des vassaux de Renaut, des vieilles bandes de *routiers* et de *brabançons* [2] qu'il

---

[1] Guillaume le Breton (*Histoires des gestes de Philippe-Auguste.* — Tome XVI du *Recueil des historiens de France*).

[2] « Au XIIᵉ siècle, les grands feudataires entretenaient des bandes soldées, composées de gens à pied et à cheval, connues sous le nom de

avait prises à sa solde, et de 6.000 chevaliers ou archers anglais, conduits par le comte de Salisbury, frère naturel de Jean sans Terre.

L'empereur Othon, le comte de Flandre et Renaut de Boulogne avaient juré de ne s'attaquer qu'au roi.

Bataille de Bouvines (27 août 1214) [1].

Depuis le matin, l'armée française défilait par le pont de Bouvines, sur la route de Tournay à Lille. L'avant-garde, formée par la chevalerie de l'Ile de France, sous le connétable de Montmorency, était déjà au delà de la

---

coteraux, brabançons ou *routiers*, bandits d'une cruauté implacable.

« Louis VII en prit quelques-unes à sa solde ; mais il dut bientôt y renoncer et, dans l'entrevue de Vaucouleurs, en 1165, il fut stipulé entre lui et l'empereur Frédéric, qu'aucun d'eux ne prendrait de routiers à son service. Si quelque noble les employait, les évêques et les seigneurs devraient marcher contre lui et appeler le roi, au cas où le coupable serait assez puissant pour les braver.

« Henri II d'Angleterre fut moins scrupuleux ; dans ses longues querelles avec ses fils, les deux partis se soutenaient avec les routiers (1175).

« Philippe-Auguste prit à sa solde (à raison de 1000 livres par jour, s'il faut en croire Guillaume le Breton) un célèbre chef de bande *Cadoc*, qui lui rendit de grands services dans ses campagnes contre Jean sans Terre ; mais Cadoc commit tant d'exactions qu'il fallut l'emprisonner en 1213, et renvoyer les brabançons.

« En 1214, ces bandes avaient pour chef Hugues de Boves, qui offrit leurs services au comte de Flandre et à Renaut de Boulogne. »

(Edgard Boutaric, *Institutions militaires de la France avant les armées permanentes*. Paris. Henri Plon, 1863.)

[1] D'après Henri Martin, Liskenne et Sauvan, Adrien Pascal, Guizot et les chroniqueurs.

Marq [1] avec une partie du corps de bataille, composé de l'infanterie des communes.

Le reste des hommes d'armes, sous le commandement direct du roi, s'apprêtait à passer à son tour, lorsque le vicomte de Melun et Guérin, évêque de Senlis, envoyés en reconnaissance avec 3.000 sergents à cheval et arbalétriers, découvrirent, du haut d'un mamelon, les têtes de colonnes de l'Empereur. L'évêque vint prévenir le roi pendant que le vicomte tenait tête aux éclaireurs ennemis.

Philippe-Auguste fit arrêter aussitôt *cette dangereuse marche de flanc, compliquée d'un passage de défilé en présence de l'ennemi*, et il rappela Montmorency en toute hâte.

« Le roi, après une brève oraison à Notre-Seigneur, se fit armer hâtivement et saillit sur son destrier, en aussi grande liesse que s'il dût aller à une noce ou à une fête.

« Lors, on entendit crier par les champs :

« Aux armes, barons! aux armes!

« Trompes et buccines commencèrent à bondir et les batailles à retourner, qui avaient déjà passé le pont, et fut rappelée l'oriflamme de Saint-Denis, *que l'on a coutume de porter par devant toutes les autres, au front de la bataille.* »

Le roi se hâta de *former en haie* la gendarmerie qui

---

[1] Petit affluent de la Lys, coulant à travers des prairies marécageuses.

l'entourait. Aidé de l'évêque de Senlis qui, pendant toute cette journée, lui servit de mestre de camp, il rangea ses chevaliers sur une seule ligne, de 1.040 pas de longueur, à peu près égale au centre de l'empereur.

« Seigneurs chevaliers, criait Guérin, le champ est
« grand ; élargissez vos rangs, que l'ennemi ne vous
« enclave ! Ordonnez-vous de telle sorte que vous puis-
« siez combattre tous ensemble et d'un même front [1]. »

Voilà qui précise la tactique de la cavalerie féodale.

« Près du roi était Guillaume des Barres, la fleur des chevaliers, avec nombre d'autres preud'hommes, pour son corps garder. »

Galon de Montigni, fort chevalier du Vermandois, portait sa bannière d'azur semée de fleurs de lis d'or, et son chapelain, Guillaume le Breton, le suivait en chantant des psaumes.

Cependant, l'armée impériale s'était déployée :

A l'extrême droite, appuyée à la Marcq, les archers anglais (*A*) et les routiers du Brabant (*T*) flanquaient la noblesse des deux Lorraines et du Palatinat (*L*) ;

Au centre, l'infanterie allemande (*I*), était formée en phalanges profondes, hérissées de piques, et flanquées par des compagnies formées en coin ; derrière, en deuxième ligne, l'infanterie saxonne (*Sa*) était la réserve.

---

[1] Guillaume le Breton.

Dans l'intervalle des deux lignes, se tenait l'empereur Othon, entouré de 50 chevaliers allemands, qui avaient juré solennellement de pousser jusqu'au roi de France et de l'égorger. La bannière d'Othon, portée sur un grand char, représentait un aigle de bronze doré, terrassant un dragon.

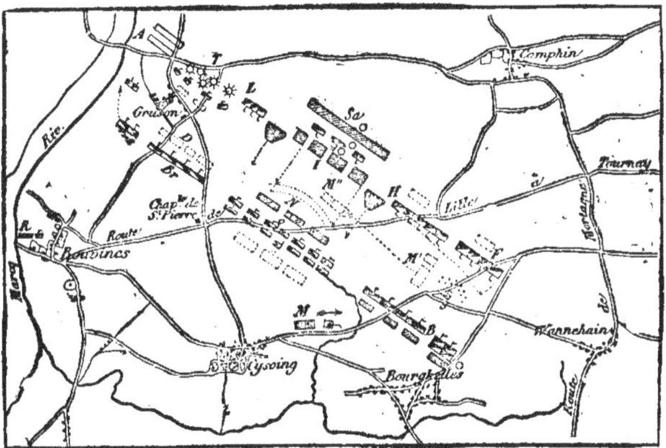

P. Merle, *d'après un croquis de É. Hardy.*

Fig. 87.

A gauche, le comte Ferrand avec les gens de la Flandre et du Hainaut (*H F*).

L'armée française se forma à peu de distance, face au nord-est.

A l'aile droite, le duc de Bourgogne (*B*) fut opposé aux Flamands, avec les hommes d'armes et les milices paroissiales de Bourgogne, de Champagne et de Picardie; son front était couvert par les sergents à cheval [1]

―――――

1 « On appelait *sergents* les hommes d'armes non nobles : en latin

du Soissonnais (*S*), qui engagèrent l'action générale, en chargeant les chevaliers flamands.

Au centre « les communes de l'Ile de France et de la Normandie, massées autour de l'oriflamme, formaient un rempart d'infanterie (*N*), en avant du Roi et de ses chevaliers. »

A l'aile gauche, le comte de Dreux mit en avant de la gendarmerie bretonne (*Br*), les milices de Dreux, du Perche, du Ponthieu et du Vimeux (*D*).

Le pont de Bouvines, l'unique moyen de retraite à travers les marécages, était gardé par les 150 sergents d'armes du roi (*R*), qui formaient la seule réserve de l'armée française.

Nous avons dit que la bataille commença à l'aile

---

servientes, c'est-à-dire servants. Ce nom indique assez que, dans le principe, ils allaient à l'armée, moins en qualité de combattants que de serviteurs. En effet, sous les Carlovingiens, les églises étaient tenues envers le roi à la prestation d'un nombre plus ou moins grand de chariots de guerre et d'hommes armés pour les conduire et les défendre. Ces hommes changèrent peu à peu de rôle : ils ne se bornèrent plus à protéger les convois d'armes et de vivres, ils se battirent et devinrent les *sergents*, qui, à partir de Louis VI, figurèrent, non sans quelque honneur, dans l'ost royal.....

« L'accroissement considérable du domaine de la couronne sous Philippe-Auguste, Philippe le Hardi et Philippe le Bel, ainsi que les progrès de l'autorité royale, décuplèrent les ressources que la royauté trouvait au commencement du XIIIe siècle dans le tiers état. Les sergents prirent part à toutes les expéditions militaires du XIIIe siècle, non-seulement pour la défense du royaume, mais encore pour maintenir l'ordre à l'intérieur, en réprimant les tentatives de désobéissance des grands feudataires. »

(Boutaric, *idem*.)

droite, par une charge des deux gendarmeries opposées.

Les Flamands l'emportaient, lorsque le connétable
de Montmorency, accourant de la rive gauche de la
Marcq avec la noblesse de l'Ile de France et les milices de Corbie, de Beauvais et de Laon, qu'il avait ral-
liées en chemin, forma son infanterie en colonne serrée
(*M*), et prit en flanc le comte de Flandre (*M'*).

Viollet-le-Duc.

Fig. 88. [1]

[1] Manuscrit de la Bibliothèque nationale, de **1270** environ. *Histoire
de Saint-Graal jusqu'à l'empire de Néron*; n° 6769.

Ce fac-simile est un précieux document, qui nous montre un prince

« Après trois heures et plus, tout le fort de la bataille tourna sur Ferrand et les siens. Il fut abattu à terre, blessé, pris et lié avec maints de ses chevaliers. Tous ceux de son parti, qui combattaient en cet endroit du champ de bataille, moururent ou furent pris. »

Montmorency, victorieux à l'aile droite, put aller alors au secours du Roi.

Les lourds piquiers allemands, suivis des chevaliers d'Othon, avaient chargé les communes; ils les avaient rompues, sans réussir à leur faire lâcher pied, mais ils avaient percé jusqu'à la bannière royale.

Guillaume des Barres et tous *les preux* se placèrent devant Philippe-Auguste; mais pendant qu'ils soutenaient l'assaut des chevaliers allemands, les piétons avaient cerné le Roi et, avec leurs vouges, ils l'avaient jeté à bas de son destrier.

C'en était fait de lui, si l'on avait trouvé un défaut à son armure.

Renaut de Boulogne, guidé par la bannière royale, vit son *droit seigneur* gisant et il aurait pu l'achever,

chargeant à la tête de ses chevaliers. A ses côtés, son porte-enseigne tient une pique surmontée d'un dragon; celui-là seul n'a pas le heaume sur son camail. L'a-t-il perdu dans la mêlée, ou bien est-ce une preuve de courage, un point d'honneur chevaleresque, comme celui qui poussait Cyrus à combattre tête nue ?....

Grâce à cette miniature, nous voilà fixés sur l'armement des hommes d'armes et de leurs chevaux au XIIIe siècle. — L'aigle de Brunswick, qui figure sur un écu de la troupe ennemie, nous permet de rattacher le document à la bataille de Bouvines.

mais le scrupule du serment féodal l'en empêcha ; il passa outre.

Galon de Montigny en élevant et en agitant la bannière, attira quelques chevaliers, qui délivrèrent le roi et le remirent à cheval. Parmi eux était Guillaume des Barres, qui déjà tenait Othon par son heaume et le martelait de sa masse d'armes, quand il avait entendu Montigny crier :

« Aux Barres ! aux Barres ! secours au Roi ! »

Il était temps que Montmorency intervint. L'arrivée de sa colonne serrée obligea les Allemands à battre en retraite.

Othon s'enfuit ; son char fut renversé, et le centre de son armée se débanda.

Albert de Saxe se retira sans combattre avec ses 16.000 hommes de troupes intactes, d'après l'axiôme que nous avons déjà cité : *quand la tête recule la queue fuit.*

Cependant à l'aile gauche, Renaut de Boulogne s'acharnait contre le comte de Dreux.

« Il bataillait si durement que nul ne le pouvait vaincre ni surmonter et le vide se faisait autour de son cimier en fanons de baleine. »

Pour résister à la cavalerie bretonne, il avait formé en cercle (en hérisson). sur 3 rangs de piques, 4 bandes de routiers et de brabançons (*T*), derrière lesquelles il ralliait ses hommes d'armes. De là, quand il avait repris haleine, il s'élançait de nouveau dans la mêlée.

Les Anglais, sur son flanc droit, opposaient, depuis trois heures, une résistance impassible aux attaques réitérées des bannières de Dreux, du Perche, du Ponthieu et du Vimeux.

L'évêque de Senlis, qui jusque-là n'avait été que le spectateur de la bataille, n'y tint plus.

Une massue de frêne à la main, afin de ne pas transgresser les canons de l'Église, qui défendent de verser le sang, il se jeta au plus fort des Anglais, à la tête des milices de Picardie. Il assomma le comte de Salisbury et bien d'autres, « recommandant aux miliciens de dire que c'étaient eux qui avaient fait ce grand abatis. »

Guérin se souvint cependant de son caractère d'homme d'église, pour sauver la vie à Renaut de Boulogne. Il le trouva désarçonné et assailli par les chevaliers du roi, qui, après la déroute du centre ennemi, était accouru en personne à la *rescousse* de son aile gauche. Il obtint qu'on lui fît quartier.

Les quatre *hérissons* de Renaut furent rompus par 3.000 *bidaux* ou piquiers français.

Une bande de 700 routiers, restée seule debout, refusa de mettre bas les armes. Le sire de Saint-Valery, avec 50 chevaliers et 2.000 miliciens du Vimeux, en eut raison, non sans peine.

Les Français avaient tué 25.000 hommes et fait
9.500 prisonniers; mais ils avaient perdu 15.000 des
leurs, dont 1.000 chevaliers.

La coalition était vaincue, la France sauvée.

Grâce à la prouesse de la noblesse française, grâce au
dévouement de l'infanterie des milices communales,
les savantes dispositions de l'évêque de Senlis avaient
permis au corps de bataille de tenir bon, jusqu'à
l'arrivée du connétable de Montmorency.

Celui-ci, en portant une force compacte à tous les
points menacés de cette vaste ligne de bataille, avait
successivement rétabli le combat à la droite et au centre.

Il venait d'accomplir, avec les chevaliers de l'Ile de
France, ce qu'Alexandre avait fait tant de fois avec
les hétères et César avec les vétérans.

Le Roi lui donna les seize enseignes conquises sur le
champ de bataille, et la reconnaissance populaire con-
fondit le nom de Montmorency avec le souvenir de cette
grande victoire de Bouvines, qui fut l'acte de baptème
de la nationalité française [1].

LA SEPTIÈME CROISADE (1248-1250).

Après Philippe-Auguste, le chevalier français du

---

[1] Parmi les chevaliers troubadours du XIIᵉ siècle, il en est un, Ber-

moyen âge s'est incarné dans saint Louis, son petit-fils.

Pieux, brave, *adventureux*, Louis IX, à l'appel des chrétiens d'Orient, quitta en 1248, son beau royaume de France, pour aller guerroyer contre les Infidèles.

Le sire de Joinville a raconté simplement ce qu'il avait vu et son récit nous enseigne, de la façon la plus précise, ce qu'était la tactique féodale vers le milieu du XIIIe siècle.

trand de Born, vicomte de Hautefort, qui nous a conservé, dans ses *sirventes*, la vive allure des combats féodaux.

C'est tout profit pour la tactique, que de citer encore, d'après le savant M. Demogeot (qui fut notre examinateur d'entrée à l'École militaire), cette ode guerrière, contemporaine de Bouvines :

> « Bien me sourit le doux printemps,
> Qui fait venir fleurs et feuillage ;
> Et bien me plaît lorsque j'entends
> Des oiseaux le gentil ramage ;
> Mais j'aime mieux quand sur le pré
> Je vois l'étendard arboré,
> Flottant comme un signal de guerre ;
> Quand j'entends par monts et par vaux
> Courir chevaliers et chevaux,
> Et sous leurs pas frémir la terre.
>
> Et bien me plaît quand les coureurs
> Font fuir au loin les gens et les bêtes ;
> Bien me plaît quand nos batailleurs
> Rugissent, ce sont là mes fêtes !
> Quand je vois castels assiégés,
> Soldats, sur les fossés rangés,
> Ébranlant fortes palissades ;
> Et murs effondrés et croulants,
> Créneaux, machicoulis roulants
> A vos pieds, braves camarades !

CHYPRE.

Depuis 1187, Jérusalem appartenait au soudan du
Caire. Saint Louis, par une haute conception *straté-
gique*, résolut de porter la guerre en Égypte.

Aussi me plaît le bon seigneur
Qui le premier marche à la guerre,
A cheval, armé, sans frayeur :
On prend cœur rien qu'à le voir faire.
Et quand il entre dans le champ,
Chacun rivalise en marchant,
Chacun l'accompagne où qu'il aille.
Car nul n'est réputé bien né,
S'il n'a reçu, s'il n'a donné
Maint noble coup dans la bataille.

Je vois lance et glaive éclatés
Sur l'écu qui se fausse et tremble :
Aigrettes, casques emportés,
Les vassaux férir tous ensemble,
Les chevaux des morts, des blessés,
Dans la plaine au hasard lancés...
Allons ! que de sang on s'enivre !
Coupez-moi des têtes, des bras,
Compagnons, point d'autre embarras.
Vaincus, mieux vaut mourir que vivre !

Je vous le dis, manger, dormir,
N'ont pas pour moi saveur si douce :
Que quand il m'est donné d'ouïr :
« Courons, amis, à la rescousse ! »
D'entendre parmi les halliers
Hennir chevaux sans cavaliers,
Et gens crier : « à l'aide ! à l'aide ! »
De voir les petits et les grands
Dans les fossés rouler mourants
« A ce plaisir tout plaisir cède ! »

A cet effet, il fit réunir des approvisionnements considérables dans l'île de Chypre[1], où il donna rendez-vous aux princes dépossédés de la Palestine et à tous ceux des barons de la chrétienté qui songeaient encore à délivrer le saint Sépulcre.

Chypre appartenait à un Français, Henri de Lusignan, qui concourut activement aux préparatifs de la croisade.

Saint Louis, débarqué à Limisso, le 17 septembre 1248, perdit plusieurs mois, non-seulement à négocier avec les Tartares Mongols, qui lui proposaient de tenter une diversion contre Bagdad et Damas, mais encore à obtenir de Gênes, de Venise et de Pise, de nouveaux moyens de transport pour aborder en Égypte.

A défaut d'une marine nationale, il avait fallu recourir, pour le voyage à Chypre, à des navires marchands qui ne voulaient pas aller au delà.

C'était vraiment tenter l'impossible que de songer à des conquêtes d'outre-mer, sans une flotte à soi et sans une armée régulière et disciplinée, prête à suivre partout son chef au premier signal.

---

1 « Quand nous vînmes en Chypre nous trouvâmes vivres à foison par la prévoyance du roi. Sur la rive de la mer, il y avait si grande quantité de tonneaux de vin, achetés depuis deux ans et mis les uns sur les autres, qu'à distance il semblait que ce fussent granges. Les froments et les orges formaient des montagnes à travers les champs; mais, exposés à la pluie depuis longtemps, ils avaient germé et l'herbe y poussait. » (Joinville, *Histoire de saint Louis.*)

Malgré le soin qu'avait pris saint Louis de *s'assurer une base d'opérations, un centre d'approvisionnement et des alliances*, les hésitations et les lenteurs de la milice féodale firent manquer tous ses projets.

Les barons croisés voulurent attendre les retardataires. On hiverna à Chypre, on consomma la plus grande partie des approvisionnements et une première épidémie fit de nombreuses victimes. Au lieu d'attaquer le Soudan d'Égypte à l'improviste, on lui avait laissé tout le temps d'appeler l'islamisme à son aide, de réunir une puissante armée et de convoquer ses Mameluks.

DÉBARQUEMENT DEVANT DAMIETTE (13 mai 1249)

Ce ne fut que le 13 mai 1249 que 1.800 vaisseaux, grands ou petits, quittèrent l'île de Chypre, en emportant 2.800 chevaliers français, latins ou anglais, avec leurs suites de sergents, d'archers, d'abalétriers et de valets.

Il n'y en eut que 700 que le vent sépara du roi « pour les mener en Acre et en autres terres étranges. »

« Le jeudi après Pentecoste, arriva le roi devant Damiette et là, trouvâmes tout le pouvoir du Soudan sur la rive de la mer. C'était une belle armée. Le Soudan portait des armes d'or, que le soleil faisait resplendir.

« Le bruit que faisaient les *Sarazinoiz* avec leurs cors et leurs tymbales était épouvantable à ouïr. »

Le roi, malgré son conseil, voulut débarquer dès le lendemain. Joinville prit terre un des premiers.

« Il y avait sur la plage une grosse bataille de Turcs, qui comptait bien 6.000 cavaliers. Sitôt qu'ils nous virent à terre ils vinrent à nous, *férant des esperons ;* nous fichâmes les pointes de nos écus dans le sable, ainsi que le *fust* de nos lances et les pointes vers eux.

Viollet-le-Duc.

Fig. 89.

« Quand ils comprirent que nous allions leur en donner dans le ventre, ils tournèrent *ce devant derrière* et s'enfuirent

« A notre gauche, arriva la galère du comte de Japhe,

toute peinte à ses armes ; il y avait bien 300 nageurs,
chacun ayant une targe avec un panoncel armoirié ; la
galère s'avançait au bruit des panonceaux et des cors
sarrasins, dont elle était remplie.

Fig. 90.

« Sitôt que la galère fut échouée, le comte et ses
chevaliers en saillirent, moult bien armés et attirés,
et ils vinrent se ranger à côté de nous, après avoir fait
tendre leurs pavillons.

« Sitôt que les Sarrasins virent ces pavillons, ils re-
vinrent, férant des éperons pour nous courre sus,
mais, quand ils virent que nous ne fuïons pas, ils se
retirèrent de nouveau.

« A notre droite, à une grande portée d'arbalète,
atterrit la galère qui portait l'enseigne de saint Denis.
Quand le roi la vit sur la plage, il saillit en la mer,

avec de l'eau jusqu'aux aisselles, et, l'écu au col, le heaume en tête, le glaive (la lance) à la main, il vint jusqu'à sa gent qui était sur la rive. En voyant les Sarrasins, il mit le glaive dessous l'aisselle, l'écu devant lui, et il aurait couru sus à l'ennemi, si les prudeshommes qui l'entouraient l'eussent souffert [1]. »

Les Sarrasins envoyèrent *trois pigeons messagers* au

[1] Il est intéressant de rapprocher ce débarquement de celui des croisés dans le Bosphore, en 1204. Voici le récit de Villehardouin :

« Et le matin fut bel, après le soleil un peu levant. L'empereur Alexis nous attendait à grants batailles et à grants conrois (en grand ordre), de l'autre part. Et on sonne les bozines (trompettes). Les croisés ne demandent pas chacun qui doit aller devant : mais qui avant peut, avant arrive. . . . .

« Et les chevaliers issirent des vaisseaux et saillirent en la mer jusqu'à ceinture, tout armés, les heaumes lacés, les glaives ès-mains, et les bons archers et les bons arbalestriers, chacune compagnie où endroit elle arriva (prit terre comme elle put).

« Et les Grecs firent moult grand semblant de les retenir. Mais quand ce vint aux lances baissées, les Grecs leur tournent le dos et s'en vont fuyant en leur laissant le rivage. »

La figure 91 représente l'homme d'armes de la seconde moitié du XIIIe siècle, d'après les vignettes des manuscrits de cette époque. Le système des brides est léger et rappelle les formes orientales. Il en est de même des bandes de mailles du poitrail et de la croupière. La selle est d'ailleurs complétement occidentale. L'homme est habillé d'une cotte d'armes d'étoffe sur un haubert de mailles, avec chausses également de mailles. Le camail est fait de peau, et le bacinet léger est muni d'une visière qui couvre entièrement le visage quand elle est abaissée. Point de housses, point de têtière armée. Outre l'épée suspendue au baudrier, une seconde est attachée à l'arçon de devant de la selle. La partie des rênes qui tient aux branches du mors est faite de chaînettes, afin de résister aux coups. On attachait même parfois deux épées à l'arçon de devant. (Viollet-le-Duc, *Mobilier.* — *Harnois,* page 46.)

Viollet-le-Duc.

Fig. 91

Soudan, pour le prévenir du débarquement ; mais aucun secours n'arrivant, ils évacuèrent Damiette après avoir incendié les magasins.

D'après Viollet-le-Duc.

Fig. 92.

Damiette pris, au lieu de marcher sur le Caire, le roi voulut attendre son frère, le comte de Poitiers, qui amenait l'*arrière-ban* de France [1].

Pour que les Sarrasins ne pussent pas entrer à cheval dans le camp, il le fit enclore de grands fossés, « et sur les fossés on postait, tous les soirs, des arbalétriers et des sergents, ainsi qu'aux entrées de l'ost (*du camp*).»

« Depuis Charlemagne, qui avait si bien connu le prix du temps, les héros du moyen âge semblaient l'avoir oublié. Ils savaient gagner une bataille, con-

---

[1] Quand le suzerain voulait faire la guerre, il convoquait ses vassaux par un appel public, qui était le *ban*. Ceux qui étaient dispensés par le suzerain de répondre à ce premier appel, les retardataires ou les plus éloignés, devaient répondre à une seconde convocation : ceux-là formaient l'*arrière-ban*.

duire un siége, mais ils ne savaient pas faire la grande guerre [1]. »

Quand, cinq mois après, l'armée remonta la rive droite du Nil, elle fut, faute d'équipages de ponts, arrêtée à chaque pas par les dérivations du fleuve et par les canaux.

LE CAMP D'ACHMOUN (1250).

A l'embouchure du canal d'Achmoun, en face de Mansourah, le roi résolut de jeter une digue entre les deux rives du canal.

Les Sarrasins gardaient la rive gauche.

Pour protéger les travailleurs, on construisit deux beffrois appelés *chas-chastiaux* [2].

C'étaient des galeries couvertes, roulantes et flanquées de tours en charpente avec un double toit de planches et de claies. Le tout était recouvert de cuirs verts ou d'épaisses étoffes de laine. Derrière les chastiaux on fit deux abris en charpente, pour protéger les arbalétriers qui tiraient sur les seize engins de l'ennemi.

« Jocelyn de Cornaut, notre mestre engingneur (*ingénieur*) fit construire en toute hâte 18 machines de jet. »

---

[1] Henri Martin. *Histoire de France.*

[2] Les *chas-chastels* étaient les beffrois ou les tours mobiles en bois, qu'on dressait devant les remparts assiégés, et dont la partie inférieure servait à abriter les travailleurs : c'est l'hélépole des Grecs (p. 57, fig. 12).

On les façonnait le plus souvent avec des bois verts, afin de rendre

« L'on commença la digue dans la semaine de Noël,
mais c'était agir en aveugle , car les Sarrasins élar-

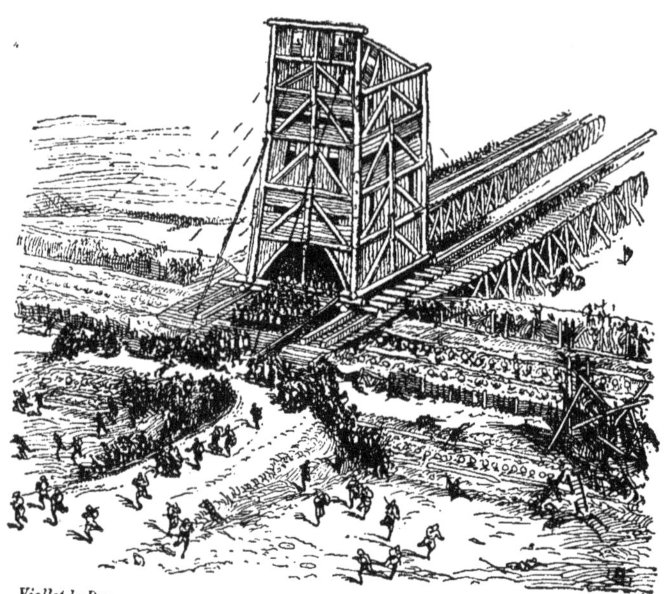

Viollet-le-Duc.

Fig. 93. [1]

gissaient à mesure la rive opposée et défaisaient, en un
jour, ce que nous avions construit en trois semaines. »

plus difficile leur destruction par le feu. Ils étaient d'ordinaire posés
sur quatre roues, et mus au moyen de cabestans, montés dans l'intérieur même de l'engin.

Le labeur de l'*engingneur* consistait à bien calculer la hauteur de la
muraille, afin de pouvoir, au moment opportun, abattre le pont mobile
sur les créneaux attaqués.

[1] Figure de l'*Histoire d'une forteresse*, par M. Viollet-le-Duc. Paris.
Hetzel, 1876. Nos remerciements à l'éditeur, qui a bien voulu nous
communiquer deux de ses clichés.

On entoura le camp chrétien de fossés du côté de
Damiette, afin de l'abriter des insultes de la cavalerie.

Le comte d'Artois (oncle du roi), campé le long du
canal, gardait les chas et les machines pendant le jour.
Le roi et le comte d'Anjou faisaient face au Caire ; le
comte de Poitiers et les chevaliers de Champagne face
à Damiette ; ceux-ci prenaient la garde aux machines
pendant la nuit.

LE FEU GRÉGEOIS.

« Un soir, que nous guiettions (gardions) les chas-
chastiaux, les Sarrasins approchèrent pour la première
fois un engin appelé *perrière*, et ils mirent le feu grégeois dans *la fronde* de l'engin.

« Le premier coup tomba sur la chaussée entre nos
deux chas-chastiaux. Nos *esteigneurs* se hâtèrent d'é-
teindre le feu ; et, comme ils étaient abrités par nos
deux tours de charpente, les Sarrasins tirèrent en l'air
et le pylet (la fusée) retomba tout droit sur eux.

« Ce feu grégeois venait à nous aussi gros que ton-
nel de verjus, en laissant une traînée aussi longue
qu'une lance, avec autant de bruit que la foudre du ciel.
Il semblait un dragon volant par l'air et il jetait une si
grande clarté, que l'on y voyait dans le camp comme
en plein jour. Trois fois dans la soirée ils nous le jettè-
rent avec la perrière et quatre fois avec les arbalètes-à-
tour (*balistes* ou *espringoles*). » (Fig. 94.)

Ce danger, qui paraît surnaturel, trouble les croisés ;

ils se mettent à genou et demandent à Dieu la force
« de ne pas abandonner les défenses qu'on leur a bail-
lées à garder », pendant que le saint roi, les mains ten-
dues vers le ciel, dit en pleurant : « Biau sire Dieu,
gardez-moi ma gent ! »

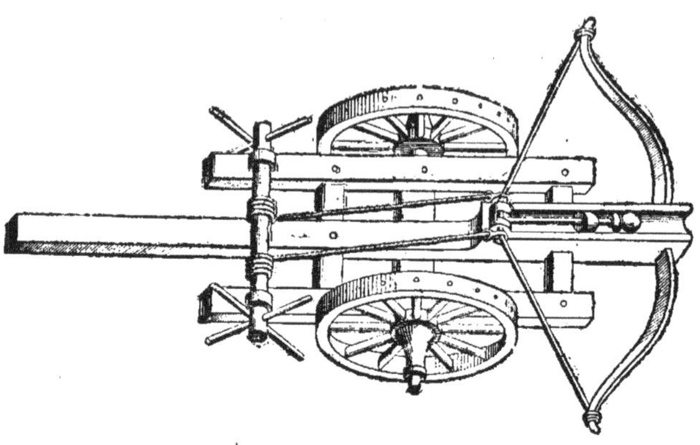

Fig. 94. [1]

Les Arabes avaient surpris le secret de cette composition mystérieuse, que les Grecs avaient employée à la
défense de Constantinople. « Inventée en 668, par Cal-

---

[1] Cette *espringole*, que nous empruntons à la remarquable étude, en
deux volumes, du prince Louis-Napoléon Bonaparte, *Sur le passé et
l'avenir de l'artillerie* (Paris. Dumaine, 1846), c'est l'arbalète à tour,
c'est le canon de campagne des croisades.

Nous avons accepté avec empressement l'offre que nous a faite notre
éditeur, M. Dumaine, d'utiliser les beaux cuivres de cet ouvrage,
continué, en 1862, par M. le général Favé.

linique, cette substance, tantôt foudroyante, tantôt in-
cendiaire, était un mélange de salpêtre, de poix, de
résine, d'huile, de jaune d'œuf, de suif ou d'ingrédients
analogues, choisis, pesés, cuits, pétris suivant les ca-
prices des artificiers.

« Cette trituration produisait un corps gras solide,
qui se liquéfiait par la chaleur et s'attachait aux objets
qu'il atteignait; on ne pouvait l'éteindre qu'en l'étouf-
fant.

« Nous employons encore aujourd'hui une substance
analogue, c'est la roche à feu[1]. »

Les Arabes lançaient le feu grégeois avec de longs
tubes d'airain, avec de grandes arbalètes ou dans des
pots fermés (*fusées volantes ou pots à feu*)[2].

« Les Sarrasins, ajoute Joinville, amenèrent la perrière en plein jour, et ils jetèrent le feu grégeois en
nos chas-chastiaux. Leurs engins couvraient de grosses
pierres la chaussée et les approches des chastiaux, si
bien qu'on dut les laisser brûler. »

Un nouveau chas que le roi fit construire avec le bois

---

[1] Général Suzane. *Histoire de l'artillerie française.* Paris. Hetzel,
1874.

[2] Anne Comnène donne la recette du feu grégeois employé en 1106
par les défenseurs de Durazzo. « On mêle la poix et la séve de quelques
arbres verts; on broie ce mélange avec du soufre et on le tasse dans de
petits tuyaux de roseau, dans lesquels on l'introduit, par un souffle
violent et continu comme *celui d'un joueur de flûte.* Ensuite, on l'en-
flamme en appliquant le feu à l'extrémité et, comme un météore brû-
lant, il tombe sur les objets qui lui sont opposés. Les gens de Durazzo,
se trouvant face à face avec les Normands, leur brûlèrent ainsi la barbe
et le visage. »

des navires eut le même sort. Alors il fallut renoncer à endiguer le canal d'Achmoun. Le conseil des barons résolut de le passer à gué, pour aller attaquer le camp sarrasin de la rive gauche.

Bataille de Mansourah (5 mars 1250).

Dès l'aube du mardi gras, le roi se dirige vers le point de passage, avec le gros des chevaliers. Il laisse à la garde du camp le duc de Bourgogne, le roi de Chypre et les barons de la Palestine.

Les chevaliers du Temple forment la pointe d'avant-garde. Le comte d'Artois marche à la tête de la seconde bataille, suivi du comte de Salisbury et des chevaliers anglais.

A quelque distance, viennent le roi et les grands feudataires, chacun à la tête de sa bataille.

Le canal franchi, les Templiers s'arrêtent : c'est l'ordre du roi.

Mais aussitôt que le comte d'Artois a passé le canal, il fond sur les mameluks, qui s'enfuient devant lui. « Le grand maître du Temple, Guillaume de Sonnac, lui mande que : « ce serait grande vileinnie d'aller devant « eux, quand ils doivent marcher après, » et il le pria de se conformer à l'ordre de marche réglé par le roi.

« Le comte ne sait que répondre, mais un chevalier d'Artois, Foucaut du Merle, qui n'entend pas ce colloque, continue à crier :

« Or à eulz! or à eulz!

« Alors les Templiers, pensant qu'ils seraient honnis s'ils se laissaient devancer par le comte d'Artois, férirent des éperons à qui mieux mieux et chassèrent les mameluks à travers les rues de Mansourah, jusqu'aux champs, par devers Babiloine (le Caire). »

Fig. 95.

Quand, après cette charge folle, il fallut revenir et rejoindre le gros de l'armée, les mameluks avaient barricadé les issues de la ville, et les terrasses des maisons étaient couvertes d'archers.

Les chevaliers, criblés « à grand force de traits et d'artillerie, » c'est-à-dire de flèches, de pierres et de poutres, furent renversés sous leurs chevaux.

Robert d'Artois, Salisbury, 300 chevaliers français, presque tous les croisés anglais et 280 chevaliers du Temple, restèrent écrasés dans les rues étroites de Mansourah.

Le corps de bataille n'avait pas pu secourir l'avant-
garde, parce que les Musulmans avaient assailli les
bannières, à mesure qu'elles passaient le canal. Au
lieu d'escarmoucher à dis-
tance, à coups de flèches
et de carreaux d'arbalètes,
ils avaient présenté leur
nuée compacte au choc des
chevaliers. Ceux-ci, sépa-
rés par petites troupes, restèrent entourés, de toutes

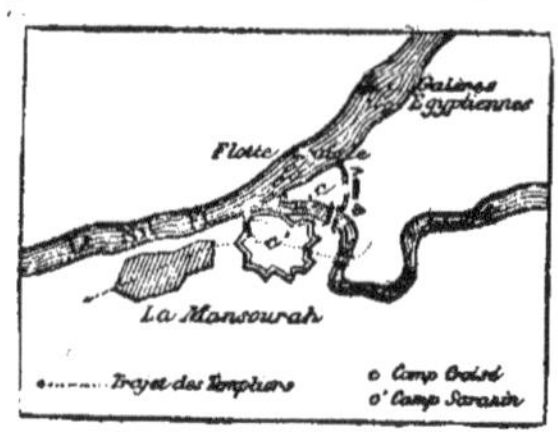

Fig. 96.

parts, d'ennemis alertes, insaisissables, que rien ne
lassait.

Le roi combattait au premier rang.

D'après Viollet-le-Duc.

Fig. 97.

« Oncques si bel homme armé ne vis. Il paraissait
par-dessus tous, depuis les épaules; il avait son heaume,

qui était doré et moult bel, sur la tête et une épée d'Alle-magne en sa main. »

Les mameluks étaient armés de la lance.

« Je vis à ma portée, raconte Joinville, un Sarrasin, qui montait sur son cheval, pendant qu'un sien cheva-lier lui tenait le frein. Comme il prenait la selle à deux mains pour monter, je lui donnai de mon glaive par-dessous les aisselles et je le tuai. Quand son chevalier vit cela, il lâcha le cheval de son seigneur et, me donnant de son glaive entre les deux épaules, il me coucha sur le col de mon cheval et me tint si pressé que je ne pouvais tirer l'épée qui était à ma ceinture. Heu-reusement, je pus tirer mon épée d'arçon (Fig. 91, p. 261), et quand il me la vit brandir, il retira sa lance et me laissa. »

Le soir, le roi parvint à rallier un grand nombre de bannières au bord du canal. Le camp sarrasin ayant été évacué pendant la bataille, les croisés s'y installè-rent, après avoir chassé les Bédouins qui le pillaient.

Les machines et les engins à lancer le feu grégeois « qui avait tant grevé les Franks » restèrent en leur pouvoir ainsi que les vastes retranchements, que les Sarrasins avaient construits sur la rive gauche du ca-nal, en face du camp chrétien.

DÉFENSE DES LIGNES CONQUISES.

Deux jours après, une nouvelle armée égyptienne vint donner l'assaut aux lignes conquises.

« Sur le midi, l'émir fit sonner les timbales et tambours, et les musulmans vinrent aux chrétiens, *en manière de jeu d'échecs.* »

A l'infanterie, qui jetait le feu grégeois, étaient mêlés, par troupes serrées, 4.000 mameluks richement armés. Les Bédouins attaquèrent au même moment le pont de bateaux, que les croisés avaient jeté sur le canal pour réunir les deux camps, et ils tentèrent de couper les communications de l'armée du roi avec le corps du duc de Bourgogne.

Ceux des croisés qui pouvaient encore se tenir debout se partagèrent la défense des retranchements déjà assaillis de tous côtés et franchis par les Infidèles.

« Beaucoup se battaient sans heaume et sans haubert, ne les pouvant supporter pour les plaies et contusions qu'ils avaient reçues en la journée du mardi gras. »

Les gens du comte d'Anjou reculaient, et lui-même allait périr, lorsque le roi, son frère, le dégagea par une charge vigoureuse. « Le bon roi porta et endura maints coups et son cheval eut la crinière brûlée par le feu grégeois. »

Derrière la bataille du comte d'Anjou, venaient celle des barons anglais et celle de Gauthier de Châtillon, « pleine de prudeshommes et de bonne chevalerie. » Ces deux *batailles* se défendirent si vigoureusement que les « Turcs ne les purent percer ni rebuter. »

Puis venait le grand maître du Temple, avec ce qui restait de ses chevaliers. Ils se servirent des engins à lancer le feu grégeois, mais ils furent assaillis d'une telle quantité de pyles [1], que la terre en était jonchée derrière eux. Guillaume de Sonnac fut tué.

« Après le Temple, la bataille du sire de Malvoisin s'étendait jusqu'à un jet de pierre du Nil ; elle eut grand'peine à éteindre le feu grégeois qu'on lui lançait.

« A sa droite, était notre bataille de Champagne [2], séparée de l'ennemi par les chevaliers du comte de Flandre, qui coururent sus aux Sarrasins aigrement et rigoureusement, à pied et à cheval.

« Je fis tirer nos arbalétriers sur les mameluks, qui s'enfuirent. Alors les chevaliers flamands, franchissant le retranchement, fondirent sur les piétons sarrasins et les déconfirent.

« Après, venait la bataille du comte de Poitiers ; elle était à pied, lui seul était à cheval. Cette bataille fut promptement déconfite et déjà les Sarrasins emmenaient le comte, lorsque les bouchers et autres hommes et femmes, qui vendaient les vivres et denrées de l'ost, coururent avec de grands cris aux païens et leur arrachèrent leur prisonnier. »

La ferme contenance des barons de la Palestine et de l'île de Chypre obligea l'émir à la retraite.

---

[1] Pyle : *pilum* ; le terrible javelot romain a disparu depuis longtemps ; mais son nom a été conservé.

[2] Joinville en était le chef.

LA PESTE.

Il n'y avait plus, pour les croisés, qu'un parti à prendre : profiter de cette nouvelle victoire pour revenir promptement à Damiette s'y ravitailler et réparer les pertes des deux batailles de Mansourah.

Mais la fatigue et la maladie avaient paralysé l'énergie du roi et de ses barons.

Ils voulurent attendre que les blessés fussent en état de reprendre la campagne, et ils demeurèrent inactifs sous leurs tentes. La peste, la disette furent des ennemis plus impitoyables encore que les Sarrasins.

On était en carême; ces pieux chevaliers ne voulaient d'autre nourriture que les poissons du Nil. « Ces bourbettes mangeaient les gens morts, et pour ce meschief et pour l'enfermeté de ce pays, où il ne tombe jamais une goutte d'eau, nous vint une maladie telle, que la chair de nos jambes se desséchait et se couvrait de tâches noires, les gencives pourrissaient; le saignement de nez était signe de mort. »

RETRAITE DES CROISÉS.

Après avoir vainement essayé d'entrer en négociations avec l'émir, il fallut abandonner la rive gauche du canal et battre en retraite vers Damiette.

On fit passer les bagages, puis l'armée entière, du camp de Mansourah dans le camp de la rive droite; les Sarrasins assaillirent l'arrière-garde, et le comte d'Anjou fut obligé de repasser le pont avec quelques chevaliers, pour la secourir.

Tout le monde était passé le 5 avril. Le roi fit, en personne, monter sur les galères les malades et les blessés; mais, malgré le scorbut et la fièvre qui le minaient, il refusa de s'embarquer et de se séparer de ceux de ses hommes d'armes, qui pouvaient encore marcher ou chevaucher.

Dans la confusion de la retraite, on n'avait pas coupé les cordes du pont de bateaux. Les Sarrasins, survenant pendant l'embarquement, firent des malades un affreux carnage ; les mariniers effrayés s'enfuirent, mais ils allèrent donner dans les galères égyptiennes embossées à quelque distance (Fig. 96, p. 270).

« On leur tira telle foison de traits avec feu grégeois, qu'il semblait que les étoiles tombassent du ciel. Les nefs chrétiennes furent prises à l'abordage « et on ne vit plus, sur tout le lit du fleuve, que nefs échouées et pillées, Chrétiens tués et jetés à l'eau. »

« Cependant le roi cheminait à l'arrière-garde, monté sur un petit palefroi, à cause de sa grande faiblesse, et couvert seulement d'une robe de soie.

« Quand les Sarrasins l'assaillaient, son porte-bannière, Geoffroy de Sargines, le défendait à grands coups d'épée.

« A Kiarceh, le roi n'était plus transportable; on le mit au lit. Au même moment, les mameluks entraient dans le village. »

Saint Louis fut pris malgré le dévouement de ses chevaliers. Ses deux frères, qui avaient aussitôt rebroussé chemin, pour l'arracher aux mains des Infidèles, partagèrent son sort.

La noble attitude de ce roi de France à demi-mort, frappa de respect les farouches mameluks, qui, pour éviter la peste, venaient d'égorger le plus grand nombre de leurs prisonniers.

On dit même que les émirs offrirent à saint Louis le titre de sultan. Il eût préféré mourir que de régner sur les Infidèles. Les médecins arabes le guérirent et les vainqueurs se contentèrent de lui imposer une forte rançon.

Malgré leur défaite, les nobles chevaliers du pays de France ont laissé en Orient un tel souvenir de leurs prouesses, que tout guerrier chrétien est encore pour les Orientaux un *chevalier frank*.

CHAPITRE IV

LES ARMURES DE FER

L'HOMME D'ARMES AU XIV° SIÈCLE.

Les croisés avaient adopté la coutume orientale de
combiner, dans le harnois de l'homme de guerre, le fer

D'après Viollet-le-Duc.

Fig. 98.

avec le cuir ; puis, à partir de saint Louis, le vêtement

de mailles avait été, peu à peu, remplacé par l'armure de *plates* en fer battu.

Au XIV⁰ siècle, les hommes d'armes remplacent le heaume par le *bacinet* à visière mobile; au lieu de la cotte de mailles, la *cuirasse bombée* supporte, au-dessus du sein droit, un *faucre* pour appuyer la lance.

La cuirasse est prolongée par une *braconnière* qui protége les hanches; de larges *tassettes*, attachées à la braconnière, recouvrent les cuisses; des *spallières* les épaules; des plates à charnière, les bras et les jambes; aux coudes, des cubitières; au genou, des genouillères; aux mains des gantelets. Des *solerets* pointus, dits *à la poulaine*, empêchent le pied de quitter l'étrier; mais il faut les retirer pour marcher.

D'après Viollet-le-Duc.

Fig. 99.

Une ceinture de fer supporte, au côté droit, la dague; au côté gauche, l'épée. Une lourde épée à deux tran-

chants et une masse d'armes sont suspendues aux arçons
de la selle. La lance s'allonge et devient plus pesante.

Pour charger, l'homme d'armes est obligé de se
dresser sur les étriers, de s'arc-bouter sur le haut du
troussequin de la selle et de plier le bras pour ame-
ner sous l'aisselle le *pied du bois*, soutenu par le faucre. Une rondelle d'acier sert de garde en avant de la
main droite et contribue, avec l'écu, à couvrir la poi-
trine du chevalier (Fig. 99).

Le cheval n'a eu, jusqu'à la fin du XIII° siècle,
qu'une housse, faite de mailles quelquefois.

Vers 1400, on lui donne une têtière de fer ; puis les
Allemands lui mettent des plates sur le cou, sur le poitrail, sur la croupe et sur les flancs.

Les chevaliers de France ne se décidèrent qu'à la fin
du XV° siècle, à alourdir ainsi leurs destriers.

L'homme d'armes, sur son cheval et la lance à la
main, est devenu une machine de guerre, destinée à
produire un choc irrésistible, mais il ne peut plus
monter à cheval ni en descendre, sans l'aide d'un
écuyer.

TACTIQUE FÉODALE.

Les chevaliers chargent *en haie*, sur un seul rang,
parce qu'ils « ne souffriraient pas d'être masqués pour
combattre. »

Derrière eux, chevauchent les écuyers, qui ont pour

fonctions principales, après avoir armé leurs maîtres, de les secourir dans la mêlée et de leur donner des armes de rechange. Puis viennent les *coutilliers*, chargés d'achever les blessés ou de s'emparer des prisonniers.

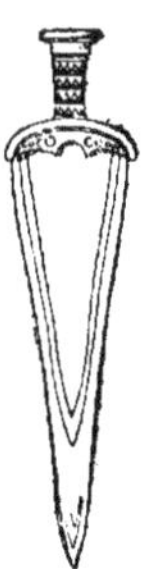

Fig. 100.

Ainsi, c'est la troupe d'élite qui combat en première ligne.

Les serviteurs à pied ou à cheval de cette cavalerie noble pourront, dans certains cas, compléter la victoire, mais si l'affaire tourne mal, ils seront les premiers à s'enfuir.

Au combat, le chevalier ne doit compter que sur sa force, sur son adresse, sur son courage, sur la bonne trempe de son armure et sur la solidité de son cheval. Il ne peut appeler à son aide ni un renfort ni une réserve. Si le voisin vient à *la rescousse*, ce sera par grande fortune, car il faut qu'il soit lui-même victorieux, qu'il ait entendu l'appel, et qu'il puisse se dégager de la mêlée.

Quant aux *piétons* de la commune affranchie ou du fief féodal, ils ne sont qu'un *rempart vivant*, qu'un centre de ralliement après la charge.

L'infanterie, qui a été pour les Franks le principal instrument de la conquête, est réduite en France, au XIVᵉ siècle, au rôle de la lice et de la barrière du tournoi.

Jusqu'à du Guesclin, la tactique féodale se résumera dans la charge impétueuse de deux cavaleries, formées un peu au hasard, sur une seule ligne irrégulière.

La *cavalerie légère* ne compte plus comme unité tactique. Les archers à cheval, qui en tiennent lieu, ne sont que rarement employés à éclairer ou à flanquer les hommes d'armes auxquels ils appartiennent.

Le jour de *la bataille publique*, les suzerains font planter leur bannière sur le point qui leur paraît le mieux choisi pour combattre. Celui qui a amené le plus de chevaliers a le plus gros commandement et chaque troupe charge, à sa guise, sans s'inquiéter des *bannières* voisines.

Quelquefois, quand l'ennemi a tourné bride et que les chevaux ne sont pas fourbus, la troupe victorieuse vient secourir celle de droite ou de gauche, pendant que ses *coutilliers* achèvent les blessés et pillent les bagages.

LA RANÇON.

D'ailleurs les chevaliers cherchent plutôt à faire des prisonniers qu'à égorger. Entre tous ces vaillants, pour qui la guerre est le jeu préféré, il y a un secret accord de clémence, un échange de générosité, qui font que *le vaincu est reçu à rançon*.

Au lieu de la marque au fer rouge des Grecs, au lieu de l'épée impitoyable des légionnaires romains, le prisonnier en est quitte, d'ordinaire, pour une somme d'argent payée par ses vassaux.

Il mange à la table de son vainqueur ; il a droit à tous les égards imposés par les lois de la chevalerie. Quelquefois il reste libre sur sa parole, et le prix de sa rançon devient une question d'amour-propre. Du Guesclin triplera la somme fixée par le Prince Noir, en lui jurant qu'il n'y a « femme ou fille en Bretagne qui ne file une quenouille pour sa rançon. »

Au sentiment de clémence chevaleresque se mêle donc pour le vainqueur un intérêt égoïste. Aussi la rançon aura-t-elle, jusqu'à Fornoue (1495), une influence prépondérante sur la tactique féodale.

Le chevalier se laissera trop souvent guider, sur le champ de bataille, par l'appât d'une riche capture. Il perdra de vue la bannière de son chef, il s'écartera du but prescrit, pour s'acharner à la poursuite d'un cavalier bien monté et bien armé. *Destrier et harnois* coûtent cher et un bon coup de lance procure l'un et l'autre.

Désormais, au lieu d'un commun élan pour la cause commune, c'est le *combat individuel* pour le chevalier à la recherche d'une bonne prise, c'est le *pillage* pour le piéton qui n'a d'autre « proflct » que le butin.

UNE ARMÉE EN MARCHE.

Le chroniqueur Guillaume Guiart a raconté en 21.000 petits vers, dans la *Branche des royaus ligna-*

---

1 Tome XXIIe de la magnifique édition des *Chroniques de l'histoire de France*, recueillies par MM. de Wailly et Léopold Delisle.

ges[1], les marches et les combats des Français dans les Flandres de 1296 à 1304.

A défaut de documents en simple prose, nous ferons quelques citations de ce médiocre poëte, qui a du moins le mérite d'avoir été soldat et d'avoir vu ce qu'il a décrit[1].

L'armée de Philippe le Bel doit marcher, le lendemain, d'Arras vers Douai :

> Les connestables[2] commandent :
> « Que soudoiers de touz estages,
> « Qui du roy de France ont gages,
> « Au point de la journée matin,
> « Soient tout garni l'endemain,
> » Sans faire l'endormi ni l'ivre,
> « Pour les deux mareschaus[3] suivre
> « Quel part qu'ils voudront aller. »

L'avant-garde est prête de bonne heure :

> Lendemain bien matin, à l'aube,
> Partent les veluz et les chaus
> D'Arras, avec leurs maréchaus...

---

[1] Nous n'avons changé au texte du chroniqueur que les mots incompréhensibles, en les traduisant d'après le *Glossaire de la langue romane* de Roquefort. Paris, Warée, 1808.

[2] Les connétables (*comes stabuli*, comte des écuries) sont, en 1300, les chefs de guerre des grands fiefs de la Couronne. La Bourgogne, la Normandie, la Champagne ont leurs connétables, et les compagnies de cavalerie ou d'infanterie, réunies sous leur commandement, s'appellent *connétablies*. Le *connétable de France* « est pardessus tous autres qui sont en l'ost, excepté la personne du roy. » En 1302, ce connétable est Gaucher de Châtillon, comte de Porcéan, seigneur de Châtillon-sur-Marne. La charge avait été créée, en 1060, par Philippe Ier au profit d'Albéric de Montmorency.

[3] Les deux maréchaux sont les lieutenants du connétable, ses chefs d'état-major. Ils ont à peu près l'emploi du maître de la cavalerie (*magister equitum*) dans l'armée consulaire (page 116).

Mais ce n'est qu'au milieu du jour que le gros de l'armée,

> *Le flo de gent* s'entre-déboute;
> Le charroir après eux s'aroute
> Qui tentes et pavillons porte.

C'est une armée bruyante :

> Granz est le bruit quand l'est s'aroute :
> Les compagnies [1], route à route [2],
> Par devers Douai, d'Arras sortent.
> D'Arras se partent duc et comte,
> Baron, chastelain et viscomte,
> Serjanz d'armes et sénéchaus.
> Les banières des mareschaus,
> Deploiées contre le vent,
> Sont en le premier front devant.
>
> Puis grant assemblée vient après,
> Joignant et serré près à près,
> Et si grant flot de baronnie
> Par mons, par vaus, par terre unie,
> Qu'il est nul homme qui les prisast
> Ni qui le nombre en devisast,
> Tant en a de long et de large...
>
> Dieu ! comme les destrier enselé,
> Que les garçons [3] en destre [4] mainent,
> Orgueilleusement se demainent !...

[1] Ce vieux mot de *compagnie* indique, au XIVe siècle, la réunion sous un même chef des hommes d'armes et des piétons du même fief ou de la même province. La compagnie peut être fort nombreuse ou se réduire à quelques hommes.

[2] Bande par bande. La *route*, c'est la réunion de combattants à pied ou à cheval sous une même bannière.

[3] Les valets.

[4] Par la main droite.

Clercs chantent motez [1], bidaux [2] dancent,
Vieilles plaident [3], charretiers tancent [4],
Jeunes femmes janglent [5] et rient,
Serjanz hoquètent, hérauz crient,

D'après Philippoteaux.

Fig. 101. [6]

Charroiz comme foudre randonnent [7],
Tambours croissent, trompes bondonnent,

[1] Cantiques.

[2] Les *bidaux* sont les piétons qui ne sont ni archers ni arbalétriers. Jusqu'alors c'est le rebut de l'infanterie, mais quand la pique
aura fait son apparition victorieuse sur les champs de bataille, les piquiers deviendront les soldats d'élite, et le mot *bidaux* restera un terme
de mépris pour désigner les trainards et les lâches.

[3] Bavardant.

[4] Se disputent.

[5] Plaisantent.

[6] Sergent d'armes du roi et ribaud.

[7] Passent au galop.

> Banières cliquent [1] et frémissent,
> Anes braient, chevaux hénissent ;
> Les armes tentissent qui pèsent,
> Ribaux [2] huent [3] et garçons noisent [4].
> Tout le païs entour résonne
> Du grant escrois [5] que l'en li donne!

LE CAMP DE PHILIPPE LE BEL.

L'étape n'est pas longue. A l'ampoux, à deux lieues d'Arras, l'armée s'arrête pour camper.

L'avant-garde, composée de baronnie et d'hommes d'armes, s'établit dans les villages ou bien en plein champ sous la tente :

> Connétables et capitaines
> Des primeraines compaignies
> Choisissent leurs logis...
> Et ceux qui les suivent à traces
> Prennent en bon ordre leurs places ;
> Par labours et par sillons
> Tendent tentes et paveillons ;
> Comme en force maisons et salles
> Mettent dedans coffres et malles.

L'infanterie bivouaque comme elle peut. Nous trouvons déjà l'esprit de ressources du soldat français, qui sait improviser un abri et une cuisine :

---

[1] *Cliquetis* vient de ce vieux mot.

[2] Vagabonds, armés ou non, qui suivent l'armée : ce sont les *calones* des Romains ; ils portent les fardeaux du soldat et font ses corvées, moyennant salaire.

[3] Crient : « huc ! » L'exclamation est restée.

[4] Se battent.

[5] Fracas.

> Ceux à pié, qui n'ont pas de rentes
> Ni deniers dont ils aient tentes,
> Courent les arbres ébranchier,
> Vous les verriez branches trancher
> Et vers les serjanz les traîner;
> Et petits rameaux (in)cliner
> Et faire loges et feuillies
> Des branches qu'ils ont cueillies.

Le camp est entouré d'une enceinte de chariots, c'est la tradition des ancêtres gaulois, germains ou barbares; mais les leçons romaines ne sont pas oubliées : le quartier du roi, bien gardé, occupe le centre d'un vaste rectangle, percé de larges rues :

> Puissiez voir estendues
> Grandes tentes aux champs tendues,
> Qui plus d'une grant lieue dure ;
> L'enceinte autour et la clôture...
>
> Entre les autres, avec art,
> Sont les tentes du roy assises,
> Plaisanz, avenantes et belles,
> A la circuite desquelles
> Les serjanz d'Orléans
> Armés, chaque nuit, veillent,
> Avec une connestablie
> De soudoiers de Picardie.

Les cantiniers, les marchands de toutes sortes, encombrent le camp de Philippe le Bel. Nous les avons vus déjà au camp de saint Louis, où même ils payèrent de leurs personnes en arrachant le frère du roi des mains des Infidèles.

> En l'ost, ça et là, par les rues,
> Sont encor bonnes gens,
> Qui du travail de leurs mains vivent,
> Et qui, pour gaingner, l'ost suivent.

> Ils font petits fourniaux et fours
> Aux fossés, près des quarrefours ;
> (Moult se sont du faire hastez ;)
> Là cuisent tartes et pâtez.
> Taverniers, dont maint sont en dètes [1],
> Ont tonneaux de vin en charrètes,
> Qu'aux soudoyers, qui en demandent,
> Trouble (avec la lie), ils vendent.
> Les autres : « petite bière ! » crient,
> Qui est d'Arras, si comme ils dient.
> Ça et là vous oïriez vieillotes
> Crier haut, à diverses notes,
> Les unes pour fromages vendre,
> Autres pour pain blanc, dur ou tendre.
> Les cuisiniers leurs pots réscument ;
> Les logis de toutes pars fument...
> Et les ribauz, portant brelans,
> Ne seront pas de jouer lents.....

De Fampoux, l'armée va, par Vitry, camper sous les murs de Douai [2].

L'INFANTERIE FLAMANDE.

Avant que l'archer ne devienne le héros de la guerre de Cent ans, avant que l'infanterie ne reprenne une importance telle que les chevaliers eux-mêmes voudront combattre à pied, nous voyons, aux premiers jours du XIVe siècle, les gens de pied donner un cruel avertissement à la fougueuse noblesse française.

[1] En retard.

[2]
> L'ost qui trois jours là séjourne,
> Tout ordoné, au quart (le 4e jour) s'en tourne ;
> Vitry passent, Douai costoient ;
> Là s'arrètent cils qui ostoient (*sont dans l'ost*).

Bataille de Courtray (11 juillet 1302).

Pour châtier les bourgeois révoltés de Bruges, le
comte Robert d'Artois était entré en Flandre par Tournay, avec 7.500 hommes d'armes, 10.000 archers et
30.000 miliciens des communes.

« Le 11 juillet 1302, 20.000 bourgeois, âprement et
épaissement ordonnés par Gui de Namur et Guillaume
de Juliers, et portant avec eux reliques de saints, glaives, lances, épées, broches et massues à pointes de fer,
se rangèrent dans la plaine, en avant de Courtray,
derrière un étroit canal, creusé en forme de demi-
lune, au milieu d'un marais impraticable pour la cavalerie [1].

« Ils avaient formé (en deuxième ligne), avec 8.000
piétons, une très-grande bataille, en guise d'un écu
la pointe en avant, et ils s'étaient entrelacés l'un
l'autre, pour qu'on ne les pût percer [2]. »

---

[1]   Pleine de fange et de palu
         Est en Flandres toute la terre :
         N'aiment pas là Français la guerre,
         Car Français sont tôt dissipés,
         Si ne combattent à sec pié ;
         Car *sont nourris trop tendrement.* (Geoffroy de Paris.)

« La chronique rimée de Geoffroy de Paris est certainement due à
un Parisien qui était contemporain et quelquefois même témoin des
événements qu'il raconte…. C'est un interprète fidèle des opinions et
des sentiments qui agitaient de son temps la capitale du royaume. »
(Préface du **XXII**e volume des *Chroniques de l'histoire de France,* par de
Wailly et Léopold Delisle).

[2] *Chronique de Saint-Denis.*

Quelques centaines de chevaliers belges ou allemands, qui les avaient rejoints, mirent pied à terre et attendirent, la lance à la main, à côté des piquiers, le choc de l'armée française, formée en dix colonnes profondes.

Les archers et les piétons des communes de France, sous le commandement de Jean de Brulas, entamèrent l'attaque, et refoulèrent la première ligne flamande.

> Toute la fleur de baronnie
> Là vint tout apparaillié (*prête au péril*).
> Devant furent la gent à pié,
> Arbalestriers, qui bien le firent,
> A traire (*tirer*) et à geter se mirent
> Des deux pars (*côtés*) angoissement ;
> Et tant getèrent vraiement
> Que les saëtes (*carreaux*) leur faillirent (*manquèrent*).
> Les autres genz de pié se tirent (*se portent*)
> Avant, pour l'assaut envéir (*attaquer*).
> Là, put on maint dar véir (*voir*)
> Et main espié (*épieu*) et mainte lance.
> Là, gent de pied forment (*violemment*) s'avance ;
> Si, se tenant serréement,
> Flamens assaillent durement ;
> Et les Flamens fort se deffendent,
> Et au mieux qu'ils peuvent se vendent,
> Et les reculent à grant force.
> Chacun de bien férir (*frapper*) s'efforce ;
> Et tant par force et par durté
> Se sont ensemble si heurté,
> Que les Flamens convint retraire (*tournent le dos*).
> Français qui bien le voulurent faire,
> Par vive force les percièrent ;
> Devant, derrière les frappèrent ;
> Chascun pensant honneur acquerre,
> Des Flamens ont jonchié la terre.

> Et si la gent de pié le fist
> Qu'auques les mistrent à desconfit [1].

Le connétable Raoul de Nesle voulait qu'on profitât de ce succès des gens de pied, pour tourner la position ennemie ; mais Robert d'Artois, fougueux et imprudent comme son père l'avait été à Mansourah, demanda au connétable s'il avait peur [2] ?

D'après Viollet-le-Duc.

Fig. 102.

Il ordonna à l'infanterie de se replier derrière les ailes et à la baronnie de se former en une seule

---

[1] (*Les piétons firent si bien qu'ils les mirent à peu près en déroute.*) Geoffroy de **Paris.**

[2] Telle est la version de la *Chronique de Saint-Denis,* qui est le

masse, pour charger la grosse bataille des 8.000 piétons flamands.

compte rendu officiel. Voici le récit, un peu différent, de Geoffroy de Paris, qui met en scène le chancelier de France, Pierre Flotte :

> Et quand la grant chevalerie
> Vit afleibie (*compromise*) la partie
> Des Flamens, si on dist entr'elz (*ils dirent entre eux*) :
> « Seigneurs, regardez à vos elz (*de vos yeux*)
> « Comment nos gens de piè le font :
> « Flamens près de déconfis sont.
> « Avant! seigneurs grans et menors (*moindres*),
> « Gardez que nous aions l'ennor (*l'honneur*)
> « Et le pris de cette bataille.
> « Faisons retraire (*retirer*) la piétaille ;
> « Ils ont très-bien fait leur devoir ;
> « Or nous convient l'ennor ravoir. »
> Le quens (*comte*) d'Artois ces mots a dit,
> Et Pierre Flotte répondit :
> « Sire encor n'est-il pas besoing
> « Que nous allions de ci plus loing :
> « Laissons aux gens de pié leur pris,
> « Car ils ont très-bien entrepris (*commencé*),
> « Et, se Diex plest (*s'il plaît à Dieu*) bien passeront (*finiront*).
> « Si mestier est (*s'il en est besoin*), moult tôt seront
> « Secourus, car nous sommes près,
> « Et nous i bouterons après (*nous chargerons derrière eux*),
> « Et les suivrons petitement (*à petite distance*) ;
> « Si prendront en nous hardement (*notre présence leur donnera*)
> « Et cœur de bien faire et courage. »

Mais le comte d'Artois ne veut rien entendre ; il passe outre, en accusant de trahison Pierre Flotte et les hommes d'armes du Languedoc.

Flotte s'indigne, et répond fièrement :

> « Que jà tant avant ne serez
> « Que je ne soie encore avant,
> « Et que je ne soie au chef devant (*en téte*) !
> « Or y allons, Dieu nous conduise ! »

« Retournez, gent de pié, rarrière ! s'écria-t-il ! »

Alors, au milieu d'un nuage de poussière, les gens de pied français entendirent « grand bruit de chevaux. »

L'ordre de battre en retraite les étonne, les trouble, ils croient que la bataille est perdue sur un autre point, que :

> « D'autre part venus
> Fussent Flamens, qui retenuz
> Eussent nos gens mis à mort. »

Ils reculent, leurs rangs s'ouvrent ; les Flamands y pénètrent pendant que, derrière eux, les hommes d'armes accourent, au cri de « Mont joie ! » en renversant amis et ennemis sur leur passage.

D'après Viollet-le-Duc.

Fig. 103.

Les Flamands n'attendent pas cette charge ; ils se retirent en bon ordre, jusqu'à un pont de la Lys bien gardé par leurs gens, et ils se forment en phalanges profondes derrière le fossé et le marais.

> « Chacun tenant son gondendart [1]
> Levés contre Français les fers,
> Comme on attend les sangliers,
> Les Flamens Français attendaient. »

Fig. 104.

Les chevaliers des premières bannières, lancés au galop, roulèrent dans le canal avec leurs destriers. En un instant ce fossé, coupé à pic, fut comblé d'hommes et de chevaux. Les suivants s'embourbèrent dans le marais.

La queue de la colonne, emportée par son élan, augmentant à tout instant le désordre et la confusion, la tête fut détruite et rompue sans avoir combattu.

> Tout ainsi la chevalerie
> Vint au marais par sa folie,
> Et les chevaux, jusques aux sangles,
> Se férirent dedans la fange.....
> Et de tant comme ils s'efforçaient
> D'issir, en tant plus refondaient (*s'enfonçaient*),
> Et quant l'autre aider cuydait (*croyait aider*),
> Chacun d'eux arrière rechéait (*retombait*) [2].

Alors les Flamands, franchissant le canal en deux endroits, vinrent assaillir les flancs de cette cohue embourbée et ils en firent un affreux carnage.

> Quant Flamens ont ce regardé,
> Ils ne se sont de riens tardé;

[1] C'est la hallebarde de la figure 104.
[2] Guillaume Guiart.

Au marais se sont aprouchiéz,
Et leurs bastons ont acrochiéz
Les chevaliers, qui là gisaient,
Et tout ainsi qu'ils les tiraient
Il les demenaient à martyre.
Onques nul n'en voulurent élire (*choisir*)
Ni prendre vif ; mais ils tuèrent
Tous ceux vifs qu'ils accrochièrent..... [1].

Comme son père, Robert d'Artois paya de sa vie son imprudence.

« A l'aspect de la ruine de son avant-garde, le noble comte, qui n'avait accoutumé de fuir, se plongea avec sa compagnie de forts et vaillants gentilshommes au milieu des Flamands, comme un lion enragé. Mais la grande multitude de lances, que les bourgeois tenaient serrées les unes contre les autres, empêcha le comte Robert de *très-forcer* et transpercer leurs batailles.

« Ceux de Bruges n'épargnèrent nulle âme, ni grand, ni petit, mais, de leurs *lances aiguës et bien fer-rées*, ils faisaient trébucher et choir chevalier après chevalier et les tuaient à terre.

« Ceux dont les armures émous-saient la pointe de fer des halle-bardes (*gondendacs*), étaient as-sommés à grands coups de mail-lets de fer ou de fléaux.

« Et le comte, quoiqu'il fut na-vré de trente blessures au moins, toutefois combattait-il vaillam-

D'après Viollet-le-Duc.

Fig. 105.

[1] Guillaume Guiart.

ment, préférant gésir mort, avec les nobles hommes qu'il voyait mourir devant lui, que de se rendre et d'être mis à rançon [1]. »

Courtray marque l'avènement de la pique.

L'exemple des Flamands sera suivi, en 1308, par les Suisses (bataille de la Reuss) et, avant même que la poudre ait parlé, l'armure de fer, la charge impétueuse, la bravoure irréfléchie, tout ce qui a régné sans conteste depuis Charlemagne, trouvera un rude adversaire dans le piquier mal vêtu, qui sait attendre l'homme d'armes de pied ferme et le recevoir à longueur de bois.

Qu'il vienne un général prudent comme Édouard III, comme le Prince Noir ou du Guesclin son adversaire, que la tactique féodale se trouve aux prises avec un capitaine, qui sache employer l'infanterie et qui ne combatte qu'à son heure, sur un sol défavorable à la cavalerie, et la chevalerie deviendra une force impuissante, d'un emploi dangereux.

ENGINS DE GUERRE.

Cependant la revanche de Courtray fut prise à Mons-en-Puelle, deux ans plus tard.

---

[1] *Chronique de Saint-Denis.*

> Ce qui montra (c'en est la somme),
> Que victoire ne vient pas d'homme,
> Mais de Dieu, cil qui est ès cieux,
> Qui met à fin les orgueilleux !

(Guillaume Guiart).

Nous retiendrons de cette victoire de Philippe le Bel
deux faits importants : c'est que les Flamands se sont
formés en trois *redoutes*, phalanges profondes, entou-
rées de chariots [1], et que les Français s'y sont servis
d'engins roulants, *perdriaus* ou espringales :

> « Près du Roy devant la banière,
> Metent François trois *perdriaus*,
> Jetant pierres aus enniaus
> Entre Flamans, grosses et males,
> Joignant aussi deux *espringales*,
> Que garçons pour tirer avancent. »

Outre ces pierres « grosses et males », les engins
lançaient des javelots redoutables, puisque :

> Le garot empené d'airain
> Quatre ou cinq en perce tout oultre.

M. Viollet-le-Duc, dans le *Dictionnaire d'architecture*,

[1] Les Flamands.... En plusieurs lieux leurs charroiz halent (*tirent*);
> A rangier metent leurs étuides (*soin*).
> De chars et de charrètes vides,
> Qu'à grant diligence ont atraites (*tirées*),
> Ont entre eux trois rangiées faites,
> En tel sens, par ordre commune,
> Que le derrière de chacune
> Est mis, (comme nous l'estimons),
> A l'autre en les deux limons.
> Qui donc, à mon avis, eurent
> Mille pas entiers et plus trente.
> Le reste (du charroiz) ordoné en arrière,
> Cinq cents pas tenait.
> De hardiz serjanz emplirent les ruelles,
> Et la bataille attendirent.....
> En maint lieus, avant et arrières,
> Étaient panonceaux et banières,
> Qui hors des chars, en l'air, issaient.

a reconstitué, d'après les textes et les estampes, le mécanisme et le jeu de l'arbalète à tour.

« On la faisait mouvoir au moyen de trois roues, dont deux étaient fixées à la traverse inférieure *A* et la troisième à la partie mobile *B* de l'affût. Un pointail *C*, posé sur une crapaudine ovoïde *D*, maintenait l'affût sur un point fixe servant de pivot. Il était donc facile de régler le tir sur le plan horizontal.

« Pour abaisser ou relever le tir, c'est-à-dire pour viser de bas en haut ou de haut en bas, on pouvait d'abord démonter la roue extrême *E*, et laisser reposer l'affût sur les deux galets en olive *F*. Si l'on voulait abaisser quelque peu le tir, on relevait la partie inférieure *H* de l'affût au moyen de la double crémaillère et des deux roues d'engrenage, auxquelles on adaptait deux manivelles. S'il était nécessaire d'abaisser le tir, on laissait la roue *E*, et l'on élevait la partie supérieure de l'affût au moyen des crémaillères. La partie inférieure se mouvait sur le tourillon.

« Le propulseur se composait de deux branches doubles d'acier, passées dans des cordages de nerfs tortillés et appuyées à leur extrémité contre les deux montants du châssis. Pour bander ces cordes de nerfs autant qu'il était besoin, des tubes de fer étaient passés entre elles ; on introduisait des leviers dans ces tubes, soit par l'une de leurs extrémités, soit par l'autre, pour ne pas permettre aux cordes de se détortiller et l'on fixait l'extrémité de ces leviers aux deux brancards *M*.

« Si l'on craignait que les cordes se détendissent, on appuyait un peu sur ces leviers, en resserrant leurs attaches de manière que les deux branches de l'arc fussent toujours également bridées. Pour bander cet arc, dont les deux extrémités étaient réunies par une corde faite avec des crins, des nerfs ou des boyaux, on accrochait les deux griffes à cette corde ; puis, agissant sur les manivelles, on amenait la corde de l'arc, au moyen des deux crémaillères horizontales, jusqu'à la double détente.

« Cette détente était manœuvrée par une tige munie, à son extrémité, d'un anneau mobile, qu'on passait dans une cheville lorsque la détente était relevée. Ramenant alors quelque peu les crémaillères, la corde venait s'arrêter sur cette double détente, qui ne pouvait rentrer dans l'affût. On appuyait la base du projectile sur la corde en le laissant libre dans la rainure. Le pointeur, ayant tout préparé, faisait sortir l'anneau de la cheville d'arrêt, tirait à lui la tige, la double détente

disparaissait, et la corde revenait à sa place normale en projetant le
dard. Une légère pression exercée sur le dard par un ressort l'empêchait de glisser dans sa rainure, si le tir était très-plongeant [1]. »

Viollet-le-Duc.

Fig. 106.

Quant aux *engins volants*, qui ont précédé le mortier,
ce sont des machines à contre-poids, qu'on appelle *tré-
buchets* ou *mangonneaux*. Ils servent surtout à la défense
ou à l'attaque des villes.

    « Ils ont mangoniaus et perières
    Que souvent tendent et destendent,

[1] Tome v, p. 242.

En destachant grant escrois, rendent
Pierres, qui par l'air se remue [1]. »

Dans la figure 107, empruntée au même ouvrage,
M. Viollet-le-Duc a représenté « le mangonneau, du
côté de sa face antérieure, au moment où le levier est
abaissé.

« Six hommes, agissant sur les deux grands treuils,
sont restés dans les roues, afin de dérouler le câble

Viollet-le-Duc.

Fig. 107.

doublé, lorsque le levier aura lancé le projectile qui

[1] Guillaume Guiart.

est placé dans la poche de la fronde. Seize hommes s'apprêtent à tirer sur les quatre cordes attachées à la partie inférieure du contre-poids.

« Le *décliqueur* est à son poste, en *A*, prêt à faire sauter le crochet qui retient l'extrémité du levier abaissé.

« Le maître de l'engin est en *B*. Il va donner le signal qui doit faire agir simultanément le décliqueur et les tireurs. A sa voix, le levier, n'étant plus retenu, sollicité par les seize hommes placés en avant, va se relever brusquement, entraînant la fronde, qui, en sifflant, décrira une grande courbe et lancera son projectile. »

Les projectiles sont des boulets de pierre, des paquets de cailloux, des machines incendiaires ou des tonnelets de feu grégeois, comme nous l'a raconté Joinville.

Ces grandes machines ne peuvent servir que dans l'attaque ou la défense des places.

Pour suivre les armées en campagne, il y a le *caable* ou petite pierrière, qui est un perfectionnement de la catapulte grecque (Fig. 10, p. 55).

• La pièce principale est le levier *A*, dont l'extrémité inférieure passe dans un faisceau de cordes tordues au moyen de clefs *B* et de roues à dents *C*, arrêtées par des cliquets. Les cordes sont passées dans deux anneaux, tenant à la tige à laquelle la roue à dents vient s'adapter; ainsi que l'indique le détail *D*.

• Ces cordes ou nerfs, tordus à volonté à la partie inférieure du levier, avaient une grande force de rappel. Mais, pour augmenter encore la rapidité de mouvement que devait prendre ce levier, des ressorts de bois et en nerfs entourés de cordes, formant deux branches d'arc *E*, attachées à la traverse-obstacle, forçaient le levier à venir frapper violemment cette traverse *F*, lorsqu'au moyen du treuil *G* on avait amené ce levier à la position horizontale. Lorsque le levier *A* était abaissé autant que possible, un homme, tirant sur la cordelette *H*, faisait échapper la branche de fer *I* (voyez le détail *K*), et le levier, ramené rapidement à la position verticale, arrêté par la traverse-obstacle *F*, envoyait au loin le projectile placé dans la cuiller *L*.

« On réglait le tir en ajoutant ou en supprimant des *fourrures* en dedans de la traverse *F*, de manière à avancer ou à reculer l'obstacle, ou en attachant des coussins de cuir rembourrés de chiffons à la paroi antérieure de l'arbre du levier. Plus l'obstacle était avancé, plus le tir était élevé ; plus il était reculé, plus le tir était rasant.

« Le projectile obéissait à une force centrifuge déterminée par le mouvement de rotation de la cuiller et à la force d'impulsion horizontale déterminée par l'arrêt de la traverse *F*. La partie inférieure du levier présentait la section *M*, afin d'empêcher la déviation de l'arbre, qui, d'ailleurs, était maintenu dans son plan par les deux tirages des branches du ressort *E*. Les crochets *O* servaient à fixer le chariot en place, au moyen de cordes liées à des piquets enfoncés en terre, et à attacher les traits et palonniers nécessaires lorsqu'il était besoin de le traîner.

« Quatre hommes pouvaient abaisser le levier en agissant sur le treuil *G*.

« Pour qu'un engin pareil ne fût pas détraqué promptement par la secousse terrible que devait occasionner le levier en frappant sur la traverse-obstacle *F*, il fallait nécessairement que cette traverse fût maintenue par des contre-fiches de charpente et par des brides de fer, ainsi que l'indique la figure 000. »

Les seuls engins défensifs employés pendant le moyen âge sont les mantelets des Grecs et des Romains (Fig. 11, p. 56); c'est-à-dire, des claies en demi-cercle posées sur trois roues, ou bien des panneaux assemblés à angle droit.

Les archers et les arbalétriers, qui protégeaient le

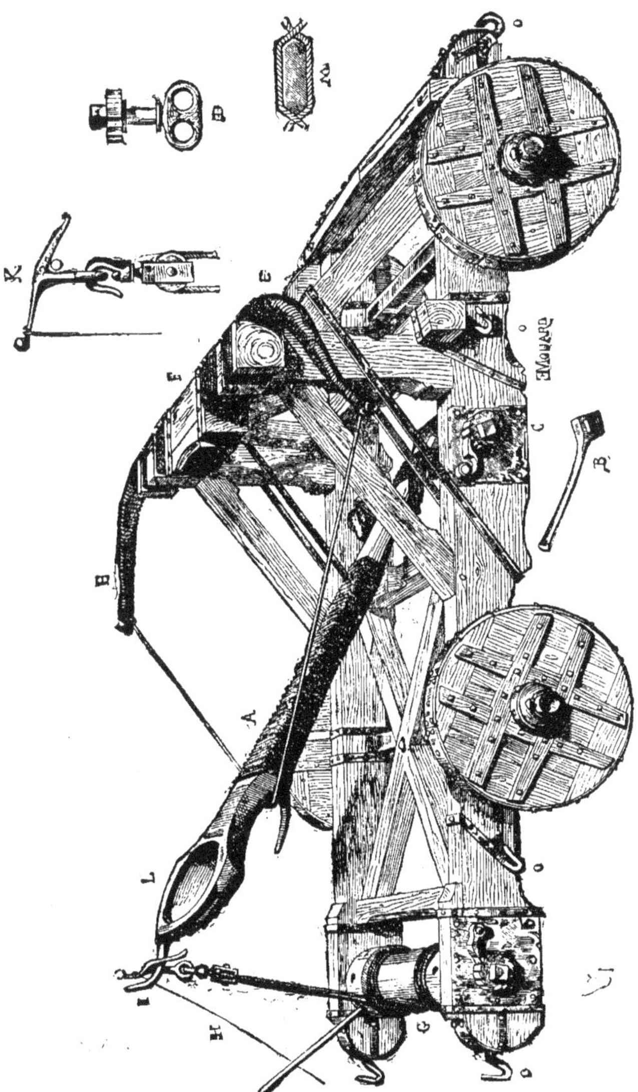

Fig. 108.

travail des mineurs ou *engingneurs*, employaient des mantelets légers semblables aux abris mobiles de nos sentinelles avancées.

Ce sont là des engins bourgeois. La chevalerie française les dédaigna, et, sans se soucier de l'art militaire que la noblesse anglaise étudie patiemment, elle s'élancera avec sa fougue originelle, dans les cruelles aventures de la guerre de Cent ans !

TABLE DES MATIÈRES

Paris. — Imprimerie de J. DUMAINE, rue Christine, 2.